10
十周年纪念版



# 站着上北大

甘相伟 著

花山文艺出版社
河北·石家庄

**图书在版编目（CIP）数据**

站着上北大 / 甘相伟著. — 石家庄 ：花山文艺出版社，2022.8
ISBN 978-7-5511-6197-8

Ⅰ. ①站… Ⅱ. ①甘… Ⅲ. ①甘相伟—自传 Ⅳ. ①K828.4

中国版本图书馆CIP数据核字(2022)第120760号

书　　名：站着上北大
Zhanzhe Shang Beida
著　　者：甘相伟

责任编辑：刘燕军
责任校对：杨丽英
装帧设计：百丰设计　苏洪涛
美术编辑：王爱芹
出版发行：花山文艺出版社（邮政编码：050061）
（河北省石家庄市友谊北大街330号）
销售热线：0311-88643221
传　　真：0311-88643234
印　　刷：环球东方（北京）印务有限公司
经　　销：新华书店
开　　本：880毫米×1230毫米　1/32
印　　张：8
字　　数：175千字
版　　次：2022年8月第1版
2022年8月第1次印刷
书　　号：ISBN 978-7-5511-6197-8
定　　价：49.80元

谨以此书献给我的父亲、母亲和三爹，我深深地爱着他们。也献给所有为梦想奋斗的人们！

# 再 版 序

得知自己的作品《站着上北大》要重新出修订版，还是很意外和惊喜的。

十年真是一瞬间过去，我现在还清晰地记得在北大课堂听名师讲课时的如痴如醉。从三十而立之年进入四十不惑之年，一样在努力，一样在尽人事，听天命。

十年来，我走过中国更多的地方，见识过更多的传奇人物，读过更多的书籍，深刻理解了中国优秀传统文化的魅力，并沉迷其中；十年来，我也经历了很多人事变迁，感受到人性的善与恶；十年来，我在自己感兴趣的领域继续发力，坚持读书写作，画了一个普通人的人生发展导图，并用十五万字做了阐释，也是第二本书《从北大起航》的主要内容，希望能给像我一样的普通人提供方法论上的指导。

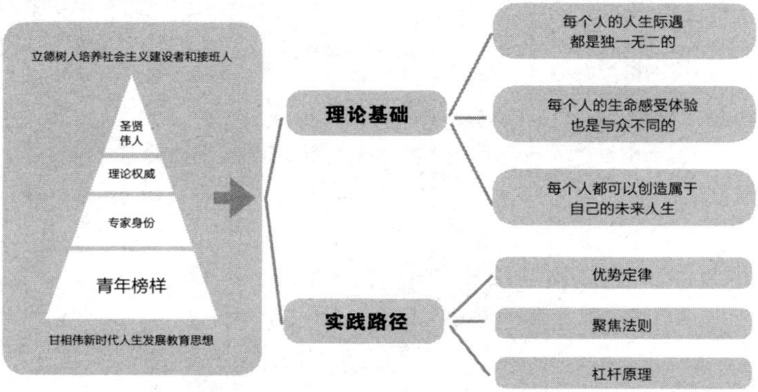


十年弹指一挥间，不忘初心，坚持做时间的朋友定会产生价值。

2022 年 7 月 9 日，我特意去了贵州茅台镇，更有了别样的感悟。茅台何以能够成为世界品牌？答案是品质。何以能够保证品质？答案是时间。从工艺来说，相较于清香型、浓香型的白酒，酱香型的酿造时间更长，因为时间不到，就酿不出好酒。茅台酒一年一个生产周期，二次投料、七轮取酒、八次发酵、九次蒸煮，这样拆解开来看，整个过程可以说是一场马拉松。以端午制曲为这场马拉松的起点，经过踩曲、高温发酵、翻仓等环节，直到重阳时节，才进入制酒环节。在下沙、二次投料之后，工匠便可以逐月进行七个轮次的取酒，直至次年八月。

在这一年的时间里，任何一个生产环节没有达到时间长度，都可能影响酒的品质。比如，在制曲过程中的翻仓环节，曲块在仓库内的发酵时间需要达到四十天，否则曲块就不能运至干曲仓存放，更没有办法用于下一环节的制酒生产。完成制酒后，接下来就是贮存。进入酒库后，每轮次的酒都需要进行分型定级，并在存放一年后进行盘勾（需要一年时间），之后再存放一年，进行小型勾兑、大型勾兑，接着送回酒库中再储存一年直至出厂。也就是说，出厂的茅台酒至少需要五年光阴，而且除生产周期外，四年都处于贮存状态。

这是沿袭许久的古老法则。陶坛中的酒，看似密封沉寂，却又悄然与外界发生反应。如此反复，每一坛酒都在坛中慢慢度过自己的春夏秋冬。在化学反应与物理反应的作用下，新酒中微辣、爆辣的低沸点物质挥发，高沸点的有益物质保存下来。随着时间的沉淀，坛内的酒采天地之灵气，聚日月之精华，变得柔和不刺激，变得醇厚、优雅。恰如人生。

走进茅台小镇，空气里就弥漫着酱香的味道，这就是品质。四十自述，也更能理解圣贤的智慧，淡泊明志，宁静致远。人在得意时更容易失败，古今仁人志士皆以修身为本，品质成就财富。

是为序。

甘相伟

2022 年 7 月于深圳

# 推 荐 序

我难得被人要求写推荐文字，也不敢写。理由很简单：我是学化学的，文笔不好。因为我写过一首歌《化学是你，化学是我》，这下全世界都知道我的文笔不好，就更没有人要我写东西了。我很自得，这也符合我的惰性——因为既然是推荐语，就得帮人说好听的，而有的时候好话真的不好说。

不过，当在我校担任保安工作的甘相伟同志来信要我给他的新书写几句推荐语时，我答应了，而且很乐意。对于北大，保安工作非常重要，不夸张地说，没有好的保安工作，就没有良好的教学科研环境，就没有北大的健康发展。我对我们的保安同志是抱着感恩的心的，这是第一。北大的保安同志多半来自农村，我也是从农村走进北大的，和他们有着天然的亲近感，这是第二。一个保安员，在辛苦工作之余，能够充分利用北大良好的学习资源，努力进取，提高自己，这样的精神让我钦佩，这是第三。有了这几条，我就很乐意做这件事了。

我被相伟感动着，我相信凡是读过这本书的人都会和我有同感。我也被北大的老师和同学们所感动，他们在完成自己工作和学业的同时，还热心公益，志愿帮助需要他们帮助的人。相伟能取得今天这样的成绩和进步，也应归功于这些北大志愿者的帮助。北大学生不管属于哪个年龄段，都懂得感恩、懂得尊重他人，这令我十分欣慰。最近一个感动社会的例子是他们对食堂炊事员所表现出来的敬重、关切和同情。

相伟是个聪明人。我不止一次对北大同学们说过，最聪明的学生应该是那些能够最大限度地利用北大资源武装、提高自己的学生。北大的资源用之不竭，学生用得越多，北大就越好、越富有、越高兴。相伟在这方面的智慧简直发挥到了极致。这是特别值得北大学生学习和效法的。

北大是全国人民的北大。尽管每年招收的学生人数有限，为了更好地回报社会，北大想方设法创造条件，推出各种形式的继续教育和网络教育服务，如针对“农民工”群体在北大燕园开办的平民学校和与广东省合作开办的“圆梦计划·北大100”等。北大正在实施一个雄心勃勃的计划，那就是把全部优秀课程通过新媒体技术免费提供给社会，让全国人民乃至全世界的人民都有机会共享北大。相伟是幸运的，有在北大工作和学习的经历。他和他的同伴们在北大的经验既鼓舞着他们自己，也鼓舞着北京大学沿着这个方向努力前行。

相伟加油！北大加油！

周其凤

北京大学原校长

# 自　序

记得我刚在北大西校门站岗那会儿，有一位参访北大的老先生问我："保安同志，你知道'北京大学'这四个字是谁写的吗？"我脱口回答道："毛泽东。"老先生马上对我竖起了大拇指，他告诉我，他的孙子今年参加高考，而且报了北大，倘若考不上，就让他来北大当保安。

我听后深感愧疚，原来"北大保安"在他们眼里也是神圣的。

有一次，一位北大哲学系的博士经过西门时，一位保安迎头就问："你是谁？你从哪里来？你要到哪里去？"这位博士一下子豁然开朗，自己苦苦思索几十年的问题，居然在这里迎刃而解，从此拜实践为师。

在北大，学习是常态，人人皆可为师。走在北大的校园里，你的前面可能是一位学士，后面可能是一位硕士，左边可能是一位博士，右边可能是一位知识渊博的院士。在这样的环境里，你身处其中，能没有压力，能不奋发上进吗？

在这里，我常常感到自己被包围在知识的海洋里，呼吸有些困难。另一方面，因为受到周围学术氛围的感染，我拼命地读书学习，兴奋不已。

我本是个小人物，今生有机会来北大工作学习，感到十分庆幸。我来自湖北偏僻的小山村，从小便知道生活的艰难、农民的艰辛、读书的不易——直到今天，农村孩子上大学依旧不容易。现在，每当我走在北大校园里，看到建筑工地上卖命干活的工人，我就会久久伫立，看着他们，并想起我的三爹，因为他也属于他们中的一员。多看看他们，我就能增加对生活的理解，增加对人生的感悟，也就更珍惜眼前一点一滴的幸福。

从鄂北山区一路走来，我一直在与贫穷、苦难、挫折、伤害、失败、嘲笑、讥讽对抗着。为了有机会读书，我曾忍饥挨饿，拼命节省日常开销；为了早日独立，能够自己养活自己，我红着脸走上大街推销英语教材；为了实现心中的北大梦和文学梦，我白天站岗，晚上疯狂地读书写作……我这个人比较倔，越是打击，越是奋起。

我的精神支柱就是北大。我的奋斗方式就是读和写。

我确实热爱读书，是读书让我变得坚强和勇敢，让我敢于在逆境中追求自己的“北大梦”“文学梦”。其间，虽然我失去了很多东西，但我获得了生存的勇气，收获了强大的内心，我的精神世界日益丰满，理想与现实的距离在一点点缩小。

作为保安，我是幸福的。我有机会参加外国元首访问北大时的一线安保工作，与各类名人照面，有机会旁听各种学术讲座。无论我的身体素质，还是思想水平，都在随着北大的发展而不断提升。

作为北大学子，我也是幸福的。我享受北大最优质的教育资源，在课堂上聆听北大名师的教诲，课后与各个专业的精英学子切磋学习，不知不觉中，我眼界大开，思路大开，胸怀大开。

在这本书里我讲述我的成长故事，回忆我的奋斗历程，描绘我的北大生活，分享我的人生感悟。无处不是我的“梦想”，无时不是“我的奋斗”。

感恩生命中遇见的每个人、每件事。我不敢奢求什么，如果我的这些用生命、泪水写就的奋斗故事能带给你丁点儿帮助，那么这本书就是有价值的。我就很满足了。

感谢你！

永远的朋友

甘相伟

2012 年 3 月 25 日晚于北大燕南园

# 目 录

# Chapter 01

## 我是天生有北大情结的人

# ▶ 引　言

著名作家柳青说过："人生的道路虽然漫长，但紧要处往往只有几步，特别是在人年轻的时候。"对于我来说，来北大当保安就是紧要的那一步。我庆幸遇到这样的机会，又能把握住这样的选择。我的命运从此发生改变。

# 北大的空气也是养人的

对于很多人来说，北大就是一个精神圣地和心灵家园，我也是这样。在没有来北大之前，只要听到有人提“北京大学”或“北大”这几个字，我就会热血上涌，精神顿时为之一振，仿佛我与北大之间有一种无形的联系，景仰与向往之情油然而生。

我就是这样一个天生具有北大情结的人。

我的人生注定因北大而改变。

所以，在高考失败后，我辗转数年最后还是来到了北大的怀抱。

2007 年 8 月，正值盛夏时节，我来北京有好几个月了，虽然一直想去北大看看，但迫于生计，一直在朝阳郊区的一所打工子弟学校做语文教师，同时留意寻找适合自己的工作机会。当时的我只想找份正式工作，在北京稳定下来，然后抽个时间去北大走走看看，最好能听上两节课，亲身感受一下北大的人文气息。

但等待实在令人心焦，于是，在八月的一个周末，我迫不及待地坐上了开往北大的公交车。

第一次进北大校园，我好似刘姥姥进了大观园，感觉一切都是新鲜迷人的。其占地之大、景色之奇、建筑之美都超出我的想象。

之前我听过这样的说法，只要进入北大就能感受到“北大的空气也是养人的”，我试着去感受，果然能感觉到空气中有一种说不出的好味道，令人身心惬意无比，头脑里自然就浮现几句曾在北大很流行的诗：

未名湖是个海洋，

诗人都藏在水底，

灵魂们若是一条鱼，

也会从水面跃起。

燕园的美似乎有一种神奇的魔力，她能让所有向往进入这块圣地的人忘乎所以地沉浸其中、奋斗其中，也能让身处其间的人们流连忘返，还能让所有离她而去的人们魂牵梦萦，终生难忘。

就像遇见心仪的姑娘一样，我第一眼就爱上了燕园。

那天，从上午到下午，我一刻不停地在北大溜达，虽有倦意，但还是想到处看看，就因为这多逗留的片刻，促成了我和北大的缘分。

当我信步来到一栋教学楼前时，透过玻璃门我看见大厅里一侧的桌子旁坐着一位年轻的保安。他手里拿着一本厚厚的文学书籍，正在旁若无人地阅读着，显得温文尔雅。

我感觉很好奇,这个保安年龄看上去和在校大学生差不了多少，他是怎么来到北大当保安的？再说，保安的本职工作就是值勤，维持正常的教学和生活秩序，怎么有人允许他在值班时间看书呢?

他看得很投入，我本不该打扰他，但出于好奇，我还是不好意思地走上前去和他搭讪起来。

通过交流，我得知他也来自湖北广水，与我是同乡，陌生感顿时消除了一大半。随后我又得知，酷爱读书的他自从中专毕业后，因极其向往北大的学习氛围，毅然选择做了一名北大保安。

更让人不可思议的是，北大保安大队里竟有鼓励保安员学习的传统，对于一些刻苦求学的保安员，保安队还会帮他们调整适合学习的岗位和班次，比如安排到教学楼值班。

在这里,那些好学的保安员便可以有更多的时间用来看书学习，而且也方便向教授、学生请教。

听到这些“内部消息”，我突然有些动心，一想到能来北大工作，心里无比激动。于是我问他，现在招聘保安吗?

老乡说他会帮我问一下，我们互留了电话号码，他应允有消息就会通知我。其实我恨不得马上就得到结果，因为当我看到他读书的那一幕，我就被深深地感动了。

带着满心期待，我回到了打工子弟学校。

没想到仅隔一天，他就给我发短信说北大还在招聘保安，你可以过来面试一下。

一听这话，我兴奋极了，当天晚上一夜都没睡踏实。第二天，我见到了保安大队的队长。说是面试，其实队长就问了我几个问题，了解一些相关情况，就表示可以录用了。

当队长笑着问我为什么要来北大当保安时，我想都没想便回答："第一，我想先求生存，再求发展；第二，我想在北大好好学习，增长见识。"

队长听我这么一说，咧嘴就笑，说我是一位唯物主义者，很实在嘛，并且告诉我在不耽误工作的情况下是可以看书学习的，这一点学校非常支持。

我连连点头，脸上满是开心的笑容。

就这样，我得到了这个梦寐以求的在北大工作的机会。

2007 年 9 月 2 日，即北大开学的日子，我和来自全国各地的北大学子一起走进燕园，走进心中的圣地。唯一的区别是，他们走进学术的殿堂，而我径直走向北大的西校门。

就这样，每天我与他们相向而行，交叉而过，我在我的保安岗位上一站就是一天。可是，我的内心就像九月的太阳，温暖极了，幸福极了。

我告诉自己，这一切来之不易，包括这份保安工作，我唯有好好工作、用心学习，才对得起自己，对得起北大。

# 从北大保安到北大中文系学子

## 在北大站岗是“占便宜”

北大不仅让我有了栖身之地，最关键的是我还能在这里继续学习，一步步接近我的“北大梦”“文学梦”。

高考的惨败让我与北大相去甚远，在武汉读完三年专科，我就去南方打工两年，因为一个小小的选择，我来到北京打拼，在生活不稳的情况下，居然是北大收留了我。真不敢相信，这天大的好事这么容易就降临到我身上来了，让我感慨万千。

我把这件事第一时间告诉我的父母，他们很支持我的想法，因为他们相信自己儿子的任何选择。

但是，一些朋友得知我来北大当保安后非常不理解，他们说你都大专毕业了，从事与法律相关的工作也不是难事，你怎么去当保安了呢？

我开玩笑地说，在北大，我做不了学生，当不了教授，只好当保安喽！

之所以这么说，是因为我知道，为了我的梦想，我不能在意世俗的看法。

在燕园上班给我带来了很多的便利：第一，我每天上下班不用挤公共汽车，免除了奔波劳顿。第二，我能领取一份稳定的薪水，解决生计问题。第三，我可以利用北大的资源好好学习，全面提高自己的素养。

不管怎么说，我认定自己的这个选择，同时也隐约地感觉到，它定会带给我惊喜和收获。我只需顺着这条道路往下走，就能越走越宽阔。

套用著名作家柳青的话说："人生的道路虽然漫长，但紧要处往往只有几步，特别是在人年轻的时候。"

对于我来说，选择来北大当保安就是"紧要"的那一步。我庆幸能遇到这样的机会，又把握住这样的选择，我的命运也从此发生改变。

正如人们所说，决定我们每个人命运的不是机遇，而是选择。因为你未来的人生之路，就在你的每一次选择中。但抉择之后，我们要做的就是坚持，就像俞敏洪三次考北大，用13年时间坚持做"新东方"一样，坚持做下去便能做出成绩，"熬"出一个伟大的人生。

正式上岗前，我们这些新保安进行了为期15天的文化和军事课程学习，包括体能训练、基本的擒拿格斗训练等，顺利结业后便正式走上工作岗位，成为北大保安大队的一员。

进入北大后，我的生命能量被彻底释放了，我就像一条小鱼儿游荡在大海里一样，感觉无时不是学习的机会，无处不是学问的道场。除了工作时间，我开始拼命地读书、听课、写作，不让一天闲过，不让一日虚度。

在北大，做保安有做保安的酸甜苦辣，当学生又有当学生的喜怒哀乐。无一例外的是，每天的工作和学习都像一场真正意义上的修行，它让我更冷静地观察，更深沉地思考，用更沉潜的心来体会。

它每时每刻都在考验着我作为一名北大保安的能力、素质和德行，而这种考验又是我暗暗渴盼的，因为我心中那颗不安分的种子已经开始发力生长。

我是从小听着毛主席的故事长大的。他二十五岁那年开始“北漂”，从北大图书馆管理员干起，积累各种知识文化并汲取革命的思想和力量，最终缔造了新中国，成为一代伟人。

巧的是，我二十五岁从广州的公司辞职来到北京，从北大保安做起，寻找一切可以学习的机会，借着保安身份挤入北大，最终成为一名北大学子。这是我做梦也不敢想的事情。

在北大西校门当保安期间，我每天都会接触到社会上各式各样的人，稀奇古怪的事也常遇到，这为我认识社会、了解社会提供了一个有效的窗口。

到今天，我在北大学习和工作已经将近五个年头了。这五年里，不论是当保安还是做学生，发生在我身上的故事非常多。而北大保安这一身份，成了我向北大进军的一个跳板，由此，我获得最具成长性的机会，实现年少时的梦想。

## 保安大队是命运中转站

刚来北大当保安，连我自己都觉得新奇，转念又想，这可是北大，中国的一流学府，不是谁都能来的，何况我还“偷偷”揣着“北大梦”呢，千万要淡定，要耐心等待机会。

俗语说：“三百六十行，行行出状元。”我想既然入了保安这一行，那就尽力去做好它，同时充分利用北大资源不断充实、提高和完善自己，我相信总有一天我会实现自身价值的。

我是这么想，也是这么做的。

社会上有人说我们北大保安挣着工资还可以免费旁听北大的课程和讲座，这就叫低成本成功，这些事在别人身上是不可能发生的。

这话好像说我们占了北大的“便宜”，仔细想想，确实有这个意思，只是很少有人知道我们在身后付出了多少艰辛和努力。

在未名湖畔，我经历过很多感人的故事，它们就像严冬里一把把温暖的火时刻温暖着我的心。

我在北大西校门执勤期间，每天会接触到社会上不同行业、不同身份的人，这让我快速地成长着。

大学本身就是一个小社会，漫步在北大校园里，你会碰到老师、同学、食堂厨师、超市服务员、环卫工人、到北大来参观的游客、为孩子报考北大来咨询招生事宜的家长等，从他们身上我感受着一个真实的北大。

有时我还会在国际大型赛事活动现场执勤，这不仅让我增长了社会见识，也让我意识到，随着公共安全社会化的发展，保安工作无所不在，各种各样的机会为我们了解社会、认识社会提供了良好的平台。

那些来自全国各地的保安兄弟们，也给了我很多日常的感动。像我一样，他们都是有梦想的青年，来北大绝不仅仅是赚点儿生活费，其实都有自己的想法和追求。

因为特殊的身份，走在一起的我们彼此间相处得非常融洽。我们一起在工作中学习，在实践中进步，更在书本中探索交流，我们总是相互鼓励，力求进步。

每逢节假日我们保安大队都会精心编排节目，举办属于我们自己的文艺晚会，节目都是我的保安兄弟们自编自演的，其中有一首《保安之歌》特别好听，给我留下了深刻的印象：

十八岁我离开家来到北大当保安，

穿上制服的那天我就决心好好干，

不辜负亲人们的殷切期望，

努力工作，认真学习，

争当一名优秀的保安员。

当好一名保安员其实不简单，

来到大队的第一天我才知道好难办，

紧张的生活总有点儿不习惯，

不能再像从前一样调皮又散漫。

清早起床天没亮，穿上迷彩服去训练；

早操后刷牙洗脸，整理内务忙得团团转；

被子叠成“豆腐块”，卫生一定要过关。

否则队长就扣分，千万别给自己找麻烦。

早餐五分钟“搞定”，然后匆匆忙忙把路赶；

来到岗上赶紧接班，调整心态迎接新的挑战。

查验巡视不敢怠慢，绝对不能留隐患；

处理险情要机智果敢，保证师生的安全最关键。

最难熬的是夜里值班，漫漫长夜好寂寞孤单。

最难过的是春节，年三十晚上我值班。

最“刺激”的是冬天洗脚，冰冷的水让我心肝颤。

最可恶的那些“势利眼”，总是心怀歧视和偏见，

莫名其妙地找麻烦，让我年轻的神经备受考验。

当保安挣钱虽然不多，可我自食其力有尊严。

工作在安保第一线，其实比当兵还要难。

当好保安员其实不简单，站岗巡逻每天都把重任担，

紧张的工作我早已习惯，

恪尽职守热情服务，责任记心间。

既然当保安，咱就不怕难，

百折不弯练就一群骄傲的男子汉。

我们当保安，为北大做贡献，

校园稳定、健康发展，我们心安。

十八岁我离开家来到北大当保安，

穿上制服的那天我就决心好好干，

不辜负亲人们的殷切期望，努力工作，

争当一名优秀的保安员——

优秀的保安员，嘿！

这首《保安之歌》几乎写尽了我们保安员的酸甜苦辣。歌词通俗易懂，朗朗上口，也很押韵。它可以让更多的人了解保安生活，理解保安的难处，配合我们更好地开展工作，同时唱出了年轻人的激情和积极向上的精神风貌，很让我们喜欢。

虽说我们保安一边站岗一边学习确实很辛苦，但是过得很充实。

我虽是大专毕业，在北大保安大队里属于“高学历”，但是我甘愿从一名普通保安员做起，因为这一行业需要学习的东西太多了。

做保安不乏做出卓越成就的人，有很多人获得“劳动模范”“文明青年”“杰出青年”等荣誉称号，并受到中华全国总工会、共青团中央等中央机关的表彰奖励，有的还在人民大会堂得到中央领导人的亲切接见。

这体现了保安行业的朝气和蓬勃发展，特别是在北京大学当保安，我们依托的是北大一百一十年的人文底蕴。

从我内心深处来说，我更愿意把北大保安大队看成是一个人才储备库或者人才中转站，倘若在北大你觉得自己已修炼得足够好，你当然可以通过合理流动，去追求人生更大的发展空间，实现更大的人生梦想。

而我的梦想就是一边当保安一边考北大,成为真正的北大学子。

选择在北大当保安让我逐渐认识到，这是自己这一生中最正确的一个选择，我看重的不仅仅是这个身份，更是身份背后的承载、价值和广阔的成长空间。

这些年，我始终偷偷地揣着一个梦想，伺机靠近北大，一入北大门我就把我的梦想埋进她肥沃的土壤里，在没人知道的情况下，让她扎根、发芽。

北大，让我充满感恩，她给了我很多不可思议的变化。我在这里不仅读了很多书，长了大见识，更主要的是站在北大这块神奇的土地上，我开始有了“北大人”的意识，我的血液里开始流淌着一种叫作自立自强的东西，我分明感觉到自己的视野放开了，肩上的责任重了。

我今生真的很想做一回北大人！

我的耳边似乎总响起一个声音，看！你的一只脚已经在门里了。

Chapter 02

# 每一段痛苦的经历都是财富

## ▶ 引　言

千金难买少年苦。痛苦在人的经验里是普遍的事实。人生难免会有痛苦，关键是以何种态度面对痛苦，化解痛苦。每一段痛苦的经历，都是一份难能可贵的财富。

# 吃苦激发人的潜能

一天早上，我正在北京大学档案馆古朴典雅的宿舍里休息，迷迷糊糊中有人打电话给我，随手摁下接听键，往耳朵上一搁，随着一声“相伟啊”，我触电般睁开了眼睛。

是母亲打来的。

母亲很少给我打电话，难道发生什么事了。我“腾”地坐起来，急切地问道：“妈，您有啥事吗？”

电话里传来母亲慈祥的声音：“相伟啊，天气转凉了，你在北京要多穿点儿衣服，记得买厚衣服，要保暖。你瘦，顿顿要吃好，得吃点儿有营养的，别不舍得花钱……”

“嗯，嗯。”母亲一遍遍地叮嘱我，我一个劲儿地答应着。

母亲知道我从小身体不好，这么多年在外读书、工作，能够一路走到今天，凭的是吃苦耐劳的品质和顽强的毅力，现在能走到这一步不容易，其实，母亲也知道我吃了很多苦。

想到这些，我的眼睛顿时酸涩起来，挂掉电话，再也没有一点儿睡意。记忆一下子把我拉回到了二十多年前。

1982 年寒冬腊月的一个清晨，我出生在湖北广水的一个贫困山区。家里世代务农，除了种地没有什么经济来源，家乡的土地又十分贫瘠，村里家家户户只能勉强解决温饱问题。

即便如此，我的到来还是给那个贫寒的家带来了些许喜气。因为我上面有个姐姐，家里人都希望第二胎是个男孩，我就是他们美好愿望的产物。

我父亲在爷爷奶奶的四个儿子中排行老二，也是几个儿子中最能干的一个。不幸的是，我仅享受了五年的父子亲情，父亲就离我们而去了。

父亲是得病走的。我长大后听爷爷奶奶说，我父亲做过乡村医生，当过村会计。在乡下有一个说法叫“灾荒饿不死手艺人”，在父亲的努力经营下，我家的条件优于很多家庭。这是父亲没日没夜辛苦劳作的结果。

我父亲的离世对爷爷奶奶的打击非常大，有好几年的时间他们都郁郁寡欢，而且一有时间，他们就会给我讲父亲的故事。有时听着听着，我一抬头就看见他们泪花直淌。每当此时，爷爷总是习惯性地含着旱烟袋，坐在建有猪圈、牛圈，还有鸡鸭乱窜的院落里默默地抽烟。

但受打击最大的还是我的母亲，精神受到异常强烈的刺激，性情温和的她有一段时间脾气特别暴躁，既不好好给我们姐弟俩做饭，也不收拾家里，有时还会动手打我们。

后来我学了心理学才知道，失去配偶对一个人的打击几乎是致命的，好在我的母亲坚强地渡过了这个难关，我想，也许是因为还有两个年幼的孩子需要她的照顾吧。

母亲的确把我和姐姐看成她生命的支柱。除此以外，母亲真的没有办法了，眼看着天就要塌下来啦，一个女人怎么能撑起一个家庭呢？

后来，我的三爹看着我和姐姐实在太小，母亲一个人的确太艰难，他毅然决然地来到我家，和我们一起组建新的家庭。三爹这么做是付出很大代价的，因为他那时已经说好了对象，正准备结婚，但看我们母子三人实在可怜，硬是退掉婚约来照顾我们。这也成了我日后发奋的一个动力来源，我在心里一直告诫自己，一定要早日报答三爹的养育之恩。

三爹为人憨厚老实，对我们姐弟俩，简直视为掌上明珠。他一直供我们读书，但是姐姐读完初中就到广东一家工厂打工去了。我成绩比姐姐要好，他就一直供我读完了大学。

我的爷爷多次对我说："娃呀，以后长大，有出息了，万万不能忘记你的三爹啊，要报恩啊！"

每次，我都会认真地点头，一想到三爹，心里就充满了感恩之情。我的三爹把他的一生都献给了我们，为了挣钱让我读书，他不管冬天还是夏天都到城里去当建筑工人，不管活有多累，他都拼命地干。

后来我听乡亲们说，三爹为了省钱，夏天连个小风扇都舍不得买，任凭自己汗流浃背。出外打工也许太苦太累了，三爹的身体从此落下了病根，他的腿经常抽筋，非常痛苦。母亲也因为生活艰苦患上了高血压，每天都要按时服药，否则情况就会很严重。

所有这些我都看在眼里，痛在心里。我想，我能力有限，不能做些什么，我只有拼命学习，同时多做家务，尽量让三爹和母亲省心。

我十岁那年得了感染性很强的“麻疹”，那时候在农村这种病特别流行，得病后我不能去学校上课，在床上一躺就是两个多月。

在这期间，母亲不顾自己的高血压，非常细心地照顾我，每天给我熬中药，三爹也不管他的腿抽筋，每天背着我到医院去打针。

我一方面很感动，另一方面又很自责，看到三爹和母亲为我如此操劳，我真想病死算了。

最终，我没有“死”掉。

在三爹和母亲的精心照料下，两个月后，我就可以出来走动了，但身体还是轻飘飘的，我一心想着要去上课，我已经落下了很多课程。

我告诉母亲我要去上课，母亲还是有些担心，我告诉她，我没事的，如果我再不去学校，成绩肯定会赶不上去的，也会影响我以后的学习。

母亲同意了。

就这样，迈着轻飘飘的步伐，我返回学校，重新坐在课堂上，和同学们在一起，有一种劫后余生的感觉。

尽管有些同学背后还会喊我“没爹的孩子”，我已经不像以前那样和他们计较了，因为我现在有三爹，三爹就是我的父亲。

其实，我是很幸运的了。在20世纪80年代的农村，得这种病的孩子很多，其中一些因此离开了人世，而我得以幸存下来。小小年纪的我，也有了一种“活着比什么都好”的幸福感。

在农村很流行一句话：“大难不死，必有后福。”我的命是母亲和三爹给的，在我病得不省人事的时候，是母亲和三爹不分白天黑夜地照顾我，到处为我求医问药，只要有一线希望，他们都会拼了命地去做。

也许是父母无私的爱感动了老天，上苍赋予了我第二次生命。

在此后的人生道路上，我同样遇到了数不清的艰难险阻，每次我快要放弃的时候，都会想起儿时的这场大病，想起我受苦受难的三爹和母亲，从而勇气倍增。

这些事改变了我对很多问题的看法，重塑了我的思维，让我的灵魂在一次次的打击和磨砺中变得纯粹完整。同时让我坚信一条战胜不幸的法则，那就是挺一挺，把苦难挺过去就是光明的未来。

正因为我学会了用积极的眼光去看待不幸和审视生活，当我遇到不顺心的事或受到委屈时，我总会对自己说，不幸都是暂时的，一切都会过去的，当年能够死里逃生，现在这点儿苦痛算什么。

抱着这样的心态，我对人生的得失多了一份理解，多了一份坦然。

这么多年过去了，也参加工作了，但我总记得父母对我的养育之恩，会时常给他们打电话，隔段时间寄些钱回家，有时回想往事竟忍不住潸然泪下。

2010年春节我回家过年，乡下已经大变模样，日子逐渐变好了，村里很多人家都新盖了楼房，家具电器置备得越来越齐全，村里的泥巴路变成了水泥路。

今昔对比，我也非常感慨，我知道生活有时就是这样，让你先苦后甜。

人生在世，苦难总是如影随形。有一句谚语叫“吃苦就是吃补”，就是说，如果一个人从小就遭遇各种不幸与打击，只要能够撑过去，将来往往会有大成就。当他吃苦时，必须激励自己去开发潜能，由此增加心灵的能量，获得人生幸福的能力。

对于那些常常吃苦的人来说，可能有些人喜欢憎恨苦难，甚至抱怨为什么只有我要吃这样的苦头？但是反过来想一想，正因为人生苦短，我们才有必要重新审视苦难；正是这些苦难，对我们的人生进行着最无情的考验。

## 痛苦是普遍的人生经验

记得某本书上有这样一句话："我不问你的宗教信仰是什么，也不问你的哲学思想是什么，但是我要问你的痛苦是什么。"

痛苦在人的经验里面才是真正普遍的事实，可以说人生难免会有痛苦，关键是我们以怎样的态度面对痛苦、化解痛苦。

记得我刚失去父亲那会儿，爷爷奶奶常常对我念叨："千金难买少年苦。"那时候，我只想着我再也见不到我的爸爸了，只知道默默地哭泣，并不明白这句话的含义。

等我稍大一些的时候，突然听到有人说，好在人生还有痛苦可受。

听到这句话，我心头一颤，这是说给我听的吗？

对我来说，人生不正是这样嘛，上天为了打发我孤寂的时光，故意不给我顺境，为了避免我不思进取，所以给我派来一堆困苦，给我翻身做命运主人的机会。

现在我终于明白了，来到我们身边的任何一种或大或小的痛苦，都给我们提供了一次机会，它意在让我们学会提升转化，把我们往成功处引。

如果我们想摆脱困境，实现我们想要的目标，就得付出汗水。因为我们从困难中所获得的益处比从其他地方所获得的都要多。

失去父亲那时，让我感觉最苦的不是生活有多艰难，而是那些小伙伴们对我的嘲讽，他们总喜欢在背后骂我是“没爹的孩子”。

我曾经与他们对骂过，甚至和他们打过架，但是解决不了问题，因为这是我心里真实的痛，是我自己的苦难，逃避不掉，所以我选择坚强面对。我发誓一定要让生活好起来，要让母亲放心。

后来，三爹走进了我们的生活，虽然家境没有从根本上发生转变，但四口人相互搀扶着，也勉强过得下去。

看过电影《暖春》的人，大都对里面的小花印象深刻。

她是一个不幸的孩子，从小就是个孤儿，被好心的“爷爷”领养后，懂事孝顺的小花非常心疼爷爷，上学后她知道只要自己考第一爷爷就会笑，所以她每回考试都是第一，小花说她最爱看爷爷笑，其实她是通过考好成绩的方式来回报爷爷对她的好。

每次观看这部电影，我都会受感动，而且百看不厌，因为我从这部电影里面多少看到了自己的一点儿影子。

我小时候和许多小伙伴一样，入学很晚，那时候我们山村没有幼儿园，所以启蒙也比较晚。虽然上学较晚，但是我努力学习，老师让背的课文我总是第一个会背，所以老师总喜欢给我布置“任务”，让我带着同学们一起读、一起背，到了考试的时候，我也总是考第一。

因为学习成绩好、课堂表现好，我总能得到老师、家长和村邻们的夸奖和赞叹。他们越是夸奖我，我越能感觉到快乐，学习劲头儿也更大。最令我开心和在乎的是三爹和母亲对我的夸奖，看到他们的笑我的心里比吃蜜还甜。我喜欢展现在父母脸上的喜悦，这些都是我当时所期待的，正因为我在意父母对我的期待，在意为他们赢得为人父母的尊严及乡下人的脸面，所以我才具备了更大的学习动力。

当然，我也不是回回都能考第一，偶尔成绩靠后的时候，我的内心就会变得焦急不安、异常敏感，甚至感觉是自己愧对了父母。

我担心父母知道我成绩下滑的消息后情绪会失落，我害怕他们批评我、责备我，我更担心父母会对我失望，怕他们失去往日的欢笑，最重要的是我怕父母失去支持他们生活下去的强大信念。

事实上，父母并不像我想的那样，他们一如既往地鼓励我、爱我，他们脸上的笑容还是那样温暖，我的心便放下了。心态调整好以后，我的成绩再次上来了，而且比较稳定。

在村小学那几年，虽然家里不富裕，但我能上得起学，而且从中体会到求知的巨大乐趣，倒也不觉得有什么苦，只要父母脸上常常挂着笑容，我就觉得自己是幸福的，知足的。

比较欣慰的是，通过学习我懂得很多人生的道理，也明白了劳动人民的艰辛。尤其李绅的诗——《悯农》，让我对父母有了更深的理解，自己也因此变得更加懂事了。即使在今天，每当我坐在北大食堂吃饭的时候，看着那可口的饭菜，我就会想起“粒粒皆辛苦”的描写。

也许是对古诗词有天生的敏感，学习过“欲穷千里目，更上一层楼”这样的诗句后，我的内心受到很强的震动。我也要更上一层楼、多层楼，所以要立志高远，以后让父母过上好生活。我不自觉地加强这种信念，浑身上下充满力量。

在记忆里，当年两排青砖瓦房的村小学承载了我太多的喜怒哀乐、荣耀和梦想。所幸，有的梦想一直未被我弄丢，一直在我的心间生长着，有的梦想已经比较茁壮了。

如今那个村小学已不复存在，只剩下两排残败的墙体，凄凉无比。那些人、那些事还萦绕在我心头，小时候摇头晃脑背诵古诗词的场景仍然历历在目。从这里走出的孩子，有的出外务工，像我一样漂泊在寻梦的路上；有的继续在这块土地上过着农耕生活，养育成群的子女。

不管走到哪里，我总是怀着对父母的无限感恩，丝毫不敢忘记孝养他们的承诺，心里只想着让他们好好的，儿子会给他们更多更好的幸福。

最美不过未名湖

# 幸遇良师开启心灵之窗

从小我就有这样一个观念，那就是人生没有十全十美的东西，任何事情都不能去苛求它的完美。但生命中真正美丽的东西是包含残缺的。如果我们懂得欣赏这种残缺，对于我们来说，就是一种生命的智慧。

我的这种观念，是从一个人的身上感悟到的。

这个人对我的影响非常大，他曾经与我相伴了整整六年时间，比我和父亲在一起的时间还要长。所以，很多时候我对这个人的尊敬就像对父母一样。

他就是我的小学语文老师兼班主任刘老师。

刘老师就是一个大家常说的有“残疾”的人，事实上，他的腿的确有些瘸，走起路来总是一拐一拐的，样子不是很好看，如果遇到比较陡的路面，走起来更是吃力。

开始的时候，一些孩子还比较好奇，当刘老师走路或者上课来回挪动的时候，他们总是盯着看，有时也会私下里议论。

刘老师知道这些，但他从来不计较，只管乐呵呵地上他的课，对他的学生也总是笑脸相迎，很少见他黑过脸。

当时学校条件有限，身为代课教师的刘老师家庭条件也很一般，生活过得比较清苦，但是他对生活更贫寒的学生常常给予无微不至的关怀和帮助。我们都打心底喜爱并尊敬刘老师，他用他的善良、耐心、爱心一点点感化、鼓励着我们，师生关系非常融洽。

通过与刘老师的接触，我们这些孩子多了一个看世界的视角，这个社会原本就是残缺的、不完美的，我们需要换一种眼光去看待，学会用心发现这个世界的美。

可以说，我对语文的兴趣是刘老师帮助我培养起来的，在刘老师的课上，他教我们背课文，但不是死记硬背。比如，在背一篇或一段文章时，他让我们先通读全文，弄清文章的主旨，再了解文章的层次，来龙去脉，并掌握文章的语言特点，抓住一些起关联作用的词语和句子，通过先分析、后综合的方式，这样背诵起来就快得多了。

有时，他还会带我们学一些趣味背诵法，以提高我们的背诵兴趣，比如，常见的有“对歌”式背诵法，主要是模仿少数民族“对歌”的方式，由两个学生每人一句轮流背诵；还有“接力赛”式背诵法，这个就像体育运动中接力赛跑的方式，由三个学生每人一句上递下接，循环往复；还有一种是“叠罗汉”式背诵法，就像杂技演员“叠罗汉”那样，先由第一个人背诵第一句，第二个人接背二、三句，以下依次每人递增一句，连续不断，直到背完为止。这些新奇有趣的方法让我们大开眼界，觉得非常有趣，所以背诵的效果越来越好。刘老师的这种引导，培养了我良好的阅读语感，增强了我对文字的理解力。

我的写作兴趣的激发是在一次做游戏中。有一次上语文课，刘老师突然宣布让我们到操场上集合，原来他要和我们玩老鹰抓小鸡的游戏，我们顿时乐开了花，每个人都飞快地往操场上跑。在刘老师的带领下，我们玩得痛快极了，直到最后老鹰终于抓到小鸡的时候，游戏才算做完。

当我们累得气喘吁吁地走进教室时，刘老师马上宣布说，今天就以“老鹰抓小鸡”为题写一篇作文，很多同学顿时傻了眼，因为大家都没有写过作文，但是刘老师顺势一点拨，安慰大家说：“没关系，写多少无所谓，把自己刚才做游戏的心情感受写出来就好了。”

结果，《老鹰抓小鸡》这篇作文我用了三次“神秘”一词，竟然得到刘老师的格外赞许，我很有成就感。

那次我是第一个交上自己的作文的，也是第一次站在讲台上给同学们念自己的作文，从此我对写作产生了浓厚的兴趣。

除我之外，很多同学的作文都得到了刘老师的表扬，现在想想看，那可是我们第一次写作文啊，喜悦之情真是溢于言表。

由于刘老师的“偏爱”，我这个班级活跃分子还坚持写了近六年的粉笔字，虽然跟着老师吃了不少粉笔灰，常常累得手臂酸疼，但我的粉笔字写得越来越好，多少有了一点儿“书法”的味道。同时我收获了一条人生的小小经验，那就是“没有痛苦，哪有进步”，我们的能力都是在辛苦的锻炼中一点点得到提高的，经验会在重复使用中变得更丰富，意志也只有在磨炼中才会更加坚强。

山区虽然贫穷，但刘老师会带着我们就地做各种游戏，最常见的像钻竹圈、丢手绢、变魔术、比赛跑步等，能想到的游戏我们都玩。那时候刘老师就像一个大孩子，无拘无束地和我们疯、和我们闹。

因为刘老师，学校成了我们向往的地方，成了我们获得快乐的源泉。今天回想这些经历，弥足珍贵，因为刘老师当年有意让我们德智体美劳全面发展，使我们今天养成了一些好习惯。

如今，二十多年过去了，我的那些启蒙老师在记忆里越来越有分量，当年他们既是农民又是民办教师，既有高中毕业的，也有初中毕业的，甚至有小学毕业的，但他们在农村的确是村人眼中有水平的文化人。

他们的身上不仅完整地保留着劳动人民的本色，也闪现着教育者的智慧和人性的光辉，值得我们一生去学习和尊敬。

我最感激的是刘老师，他是我生命的指路人，为我打开人生的第一扇窗，开启我对梦想的渴望。在物质贫瘠的乡下，他没有让我们的心灵荒芜，在他的教诲下我们每个人都获得人生前行的力量。

在我以后的求学道路上，我始终坚持用文字去表达我内心深处的情感，并学会在文学的世界里品味人生，不断汲取生命能量。在这个过程中，我是幸福、充实、饱满的。因为这些可爱可敬的老师，我将风雨无阻地走下去。

# Chapter 03

# 从南到北追梦路

## ▶ 引 言

我坚信所有的付出必将有收获。打工改变不了我的命运，我可以多走一些弯路。梦想的路虽然曲折，但我会把梦想一直随身携带。

## 跳出农门靠读书

在乡下，那些从小吃惯苦头、至今依然习惯过着清贫生活的老人们，常常挂在嘴上的就是“吃得苦中苦，方为人上人”这句话，一辈子吃苦的他们，似乎还在做着吃苦的准备。

看着老人们清闲自得的生活，好像从来没有做“人上人”的打算，他们人生的使命，就是来这个地球上告诉子孙要记住这句饱含真理的话，要吃苦，要失败……

但在我们年轻一代看来，与其一辈子默默地忍受清贫的生活，不如瞅准机会奋力一试，说不定那“未来的幸福”就能早点儿实现呢。

我知道我唯一的途径就是读书上学。

幸运的是，小学的时候我遇到好老师，再加上自己脑袋瓜也算灵活，于是很快就培养起对学习的兴趣，并取得很好的成绩，坚定了学习的信心。

小学毕业，我顺利升入镇中学。虽然我们学校的条件有限，但作为整个乡镇唯一的一所中学，我们还是感觉到了升学的压力。

在老师和家长眼里，既然要走求学这条路，初中三年的学习非常关键，它直接决定我们三年后将入读哪所高中，当然，人人都把目标定为当地的“北大”——广水市第一高级中学。

这个学校是享誉荆楚的鄂北名校,也是湖北省的重点示范高中，它的教学质量和高考升学率有口皆碑，每年都有数人考入北大。一般能考入这个学校的学生，都会被人看作是大学预科生，走到哪里都会得到人们的称赞。

我的学习成绩一直不错，所以也被家人寄予了厚望，他们期待我初中毕业后能够考入这所名牌高中。

事实上，我非常渴望通过自己的努力来改变贫寒的命运，我更不愿辜负父母对我的期望，这个时候，我已经能明显地感觉到我的骨子里有一股不服输的劲头儿，我就是要证明给关心我、支持我、鼓励我的人看，我能行!

初中三年，我用于娱乐的时间少得可怜，除了必须要上的体育课外，我几乎把所有的时间用在读书学习上。那时候，我在完成自己课业的同时，很好地保留和发展了两项兴趣爱好：书法和阅读写作。

可以说，我的这两项兴趣爱好都起源于小学阶段，尤其得益于刘老师的语文课。到了初中，我的成绩、书法和阅读与作文是齐头并进，很惹人关注。

在艰苦的初中学习生活中，我一面苦苦钻研教科书内容，一面如饥似渴地沉浸在文学的世界里，从那里不断汲取前进路上的力量，慢慢筑起我梦想的高楼。

经过三年的不懈努力，我如愿以偿地走进我们县城的“北大”。得知这一消息的那一刻，那种喜悦不亚于考上真正的北大。

我和我的家人，包括亲戚朋友们都认为，能够在广水市第一高级中学就读，不仅是一种荣耀，还意味着我将来可以考上大学，从此可以跳出农门、摆脱世代务农的老路。

像入读初中时一样，我们家在欣喜的同时也体会到越来越重的经济压力。有段时间我也为此忧心忡忡，但是父母坚定地告诉我，一定可以解决你的上学问题，你只管安心学习就好了。

在那段最明亮的日子里，我感觉到青春的美好。虽然当时生活还存在很多困难，却也留下我青春跃动的身影和对未来无限美好的憧憬。

我当时的心情和毛主席的《沁园春·雪》语境吻合：“恰同学少年，风华正茂，书生意气，挥斥方遒。指点江山，激扬文字，粪土当年万户侯。曾记否，到中流击水，浪遏飞舟。”

当年我从偏僻的乡下来到县城的时候，对我来说一切都是新奇有趣的，一切都是闻所未闻、见所未见的，我到了一个新世界。

那里没有大山的阻隔，没有乡路的崎岖，有的是高楼大厦、车水马龙。虽然我隐隐约约地感到自己有些不适应城市生活，但是为了更远大的未来，为了真正的北大清华梦，我必须安下心来，再做一次人生的完美搏击。

## 中途辍学去打工

记得在我小时候，村里已经有些人开始出外谋求发展了，我也隐约听说打工这回事，在我最初的印象里，“打工”这个词有着特别的意味。

那时，村里的年轻人外出打工，一般在过年的时候才回来，回来后，他们往往穿着好看的新衣服，见到大人小孩就会发糖吃。

当时，我的小伙伴们对“打工”这个略带神秘感的活法充满向往，我们在一起也会讨论这个话题，很多人表示等以后长大了、不用上学了就直接出外打工挣钱。虽然我也觉得这事很刺激，但我并没有外出打工的想法，我只想务我的“正业”——学习。

后来，当年我的很多小伙伴初中没有毕业就出外打工去了，都“应验”了他们的戏言，唯独我坚持上了高中。

按照我的设想，我会在这所牛校里历练三年，然后考上理想的大学，以此回报亲戚朋友对我的期待。

可是，令我万万没想到的是，中途我居然会辍学打工。

我从农村来到县城读书后，新奇兴奋的心情没持续多久，一种失落感悄然滋生。我发现我所处的环境彻底改变了，在这里，周围的同学都有很强的优越感，不论从穿着打扮上，还是从言谈举止上，都让我相形见绌。

这些或许还不是最重要的，在学习方面，我也感到前所未有的压力，曾经被我引以为傲的英语，我的发音居然是那样蹩脚，根本就不标准，在课堂上经常会引起他们的哄笑。

慢慢地，我开始沉默，我开始对自己的能力产生怀疑，自卑感随之而来。那是一种很纠结的生活状态，出身于农村的我，一直以来，在学习方面对自己很满意也很自信，如今，我如愿进入期待已久的重点高中，但与我现在的同学们相比，我却没有什么优势可言。

不肯认输的我想通过调整心态慢慢找回自信。此时，我想到含辛茹苦的父母，想到为我辍学的姐姐，想到自己渺小但不肯放弃的梦想……就这样，我试着让自己放松，慢慢进入学习状态。

通过调整，我的心态、学习成绩一度好转，但是没撑多长时间，我还是战胜不了自卑。我不敢告诉父母我的真实情况，我怕他们担忧。越是这样，我心里越是着急上火。

我陷入了一个旋涡，无法自拔。

熬到高二下学期的时候，我的自卑积累到一定的程度，我做了一个让老师和同学惊讶的决定——退学。我不顾老师的好心劝阻，一心想离开这个伤心之地，只为逃避自己，逃离这里。

还没等学校给出明确决定，我就偷偷联系上了远在上海打工的表哥。据说他那里还在招聘建筑工人，除掉吃喝每个月可以挣七百元。我误以为赚钱很容易，既然这样，何苦还要上学呢。于是在瞒着父母的情况下，我连夜坐车赶到上海。

后来母亲通过学校得知我退学的消息，愁苦得不得了，连续好几天叫嚷着让三爹去上海把我找回来。迫于压力，我和母亲通了一次电话，她几乎是哽咽着对我说："相伟啊，你那么瘦弱，这么好的读书机会，你不好好读书，将来可怎么办啊？"

那时，我还是一意孤行，根本听不进父母的劝告，我坚定地告诉母亲："我的事情我做主，这次你别管！"我内心很清楚，我彻底辜负了母亲的期望。

我的班主任张老师也打电话对我说："相伟啊，你是少年不识愁滋味，只有好好读书，将来才会有出息……"

可是我真的听不进去。

我想，像我这样不孝顺的儿子，上天是看不过去的，所以它让我再一次遭遇现实的打击。

当我满怀改变命运的渴望，来到传说中的大上海时，那里的务工环境和我想象的差得太多了。活很累，吃住条件很差，睡的是大通铺。刚来工地那两天，每天天不亮就起床，晚上要干到大半夜，对于像我这样瘦弱的学生来说，苦累简直无法言说。我死扛着，每天就盼着收工，回去倒头就睡。

在天气还未变暖的二三月份，有时我在阴雨连绵中扛钢筋、水泥，又冷又潮。一天工作十几个小时是家常便饭，没人去理论，只有干与不干。

我不由得联想起儿时伙伴对打工的美好憧憬，但现实的残酷颠覆了一切。我没想到打工竟然是这个样子！心里彻底地失望了。

我开始非常想家，想我的学校、老师、同学们，经常想着想着就掉下泪来。读书的时候，虽说有学业的压力，吃得不好穿得不好，还有心理上的自卑感，但比起打工那真不知道要强多少倍。

我有点儿后悔了，我想要是能够重回学校读书那该多好啊！

但我还是坚持了两个月，在这两个月的打工生活中，我扛过钢筋、水泥，给人擦过玻璃。

在这次打工期间发生了一件事，我始终未向任何人提起，包括父母和亲戚朋友。因为这件事对我来说就像一个巨大的梦魇，至今想来都很后怕。

我干了一个多月的建筑工之后，觉得自己实在坚持不住了，这种体力活不是我所能承受的，于是找到一家保洁公司，做擦洗玻璃的工作。

那天，我和一位师傅负责一栋八层写字楼的玻璃幕墙清洗工作。虽然有些紧张，但想到出来打工哪有不冒险的，我也很想体验一下

“蜘蛛侠”的生活。

开始工作前，师傅仔细叮嘱我注意事项和擦洗标准，然后师傅帮我绑好安全带让我试降一次。我按他说的慢慢移过楼沿坐在座板上，感觉还是非常紧张，师傅就紧紧握住我的一只手，告诉我怎么慢慢松绳子往下降。

我长吁了一口气，都不敢往下看，下坠的感觉让人浑身起鸡皮疙瘩。好在第一趟试降成功，我后背上还是出了不少汗。

第二趟我就沉稳多了，安装好工具，我随着师傅一点点擦起来。就在我准备下降一点儿的时候，由于操作不当，我整个人突然向下坠去。我极度地恐惧，下意识地用手抓住绳子，头脑里一片空白，瞬间想到母亲……

所幸我并没有摔下去，在我下坠到二楼之际，系在身上的安全绳发挥了作用，救了我。

当时我的心都快蹦出来了，我感觉自己真是命大，不然非死即残。

这件事我一直不敢告诉任何人，今天回想起来仍不寒而栗，浑身哆嗦。

命悬一线的那一刻，我充分感受到生命的脆弱。那晚我怎么也睡不着，有一种强烈的漂泊感和不安全感。我不知道打工的日子何时是个尽头，我该何去何从？

我开始想念我的父母、老师和同学，当即决定给班主任张老师打电话，向他诉苦，说我做不了体力活，现在很后悔，想回学校继续读书。意外的是张老师告诉我，我还可以回校，我的学籍并没有被注销。那一刻，我掉泪了，无法表达对张老师的感激之情。

就这样，我带着几件衣物匆忙赶回家。看到面黄肌瘦的母亲，我扑通一声跪了下去，真诚地向她和三爹承认错误，并向他们表示，回到学校一定好好学习，不再让他们操心。

慈祥的父母并没有说责怪我的话，他们只说“回来就好，回来就好”，我的做法和态度让父母多少看到了一点儿希望，也就放下心来。

去学校的路上，我又想起母亲说过的话：“相伟啊，你读书多不容易呀，你三爹在外面打工日晒雨淋的，辛辛苦苦赚钱供你读书，不为别的，为的是你能够学到更多的知识，将来能够有出息。亲戚朋友也都在帮你，你要争口气呀！”

我暗暗地点头，对自己说：“甘相伟，如果你是个人的话，就不要再做让父母失望的事。把书读好，用行动改变这半死不活的人生才叫真本事。现在没什么可顾虑的，你不是想考北大吗？该拼命了！”

经过快速地调整，我克服了自己的种种负面情绪，慢慢从挫折中振作起来。

从这段经历中我也体悟到，发生在我们身上的任何事情，都可以用正反两种态度去看待，一样的事情能产生两种截然不同的结果，积极正面的情绪可以化解苦难，带领我们走出内心的阴霾，走向成功；消极负面的情绪会消磨我们的斗志，阻挡我们的脚步，甚至带来各种意想不到的灾难。

这就是心态，它完全取决于你自己的想法。真正的成功者会把每一天都当成生命的新生而满怀希望，尽管这一天有很多麻烦事等着他，但他一定是珍惜且感恩的。

在这期间，我也背诵过不少古典诗词，并且读了一些文学著作，其中一本叫《北大才女》，是从北大中文系走出来的知名作家张曼菱所写。她在书中详细地描述了未名湖的美丽风光，对与学术大师季羡林的交往进行了深情的回忆，让我无限憧憬，从此坚定了上北大这个梦想。

2002 年由于高考发挥失常，我没能走进未名湖，而是上了一所名不见经传的大学——湖北经济管理大学长江职业学院。

这次，我接受了这样的安排。我知道打工改变不了我的命运，我可以多走一些弯路。抵达梦想的路虽然曲折一些，但我会把梦想一直随身携带。当我把自己磨炼得足够强大的时候，希望也就自然降临了。

# 首先要养活自己

在我近三十年的生命里，我一共读了四所大学：第一所是贫穷大学，第二所是平民大学（湖北经济管理大学长江职业学院），第三所是社会大学，第四所是北京大学。

2005 年 7 月，我从湖北经济管理大学长江职业学院法律专业毕业后，就直接进入了社会大学。

站在社会大学的门口，我首先要解决的问题就是要养活自己。

大学三年，家里已经为我背负不少债务，我不能再向父母伸手要钱了，该是我努力挣钱回报父母的时候了。

我留意过一些招聘会，发现招聘职位最多的是业务员，也就是帮助公司卖产品的推销员，他们一般通过推销产品而获得提成和收益。

在大学里我读到过一些书籍，都谈到销售工作最能锻炼人，而且中国老板里有 80% 是做业务员出身的。

有这些粗浅的认识做基础，我觉得我应该尝试一下，一是锻炼自已的能力，二是借此接触社会，学会与人打交道。

因为一直关注教育领域，所以我选定一家做教育产品的公司。这家公司主要做英语教材和网络课程卡业务，其主要服务对象为家长和孩子。

初出茅庐的我激情难抑，想看看这个行业的真实情况，还想验证一下我在商业方面有没有天赋。

那天，一个胖胖的大约三十多岁的男子接待了我，我称他王经理。经过简单的面试之后，王经理看我情绪很高，而且很有自己的想法，便对我说："你的表现非常好，没什么问题，明天就来公司上班吧。"

真没想到，第一份工作就这样开始了。

进入公司前，公司要为我们这些新手做一个为期三天的培训，上课的老师就是王经理。

王经理的经验非常丰富，整个上午他的嘴巴都没有停歇过，不仅给我们讲了很多基本知识，还结合案例进行分析，让人越听越想听，越听越想试。

我记得比较深的一点是，一个人如果能把销售工作干好，那么其他的任何事情也都可以干好，因为销售是跟人打交道，是针对人性的弱点做学问。

第一天的培训主题是“作为一名优秀的业务员需要具备哪些素质”。

我们当时都做了详细的笔记，生怕漏掉些什么，王经理主要提到四点：首先，要具有强烈的成功信念，养成一生良好的习惯，做事要集中精力，全力以赴，主动投入；其次，要具备忍受孤独的能力，拥有敏锐的观察力，学会欣赏别人的优点，做事不畏失败，勇于承担责任，积极训练自己；再次，要有一颗感恩心，保持学习力，但学习的目的是帮助别人，要有同甘共苦的品质；最后，要有一个伟大的愿景，一个全身心被梦想所占据的人不会怀疑任何事情，做销售需要方法，但任何方法都来自你想不想干，一切工作都是为了出业绩。

王经理结合要点，详细阐述，听得我们激情澎湃。晚上回去后我连做梦的时候都在期待第二天的学习课程，同时在脑子里幻想着自己成为金牌推销员的种种成功场景，除了兴奋还是兴奋。

虽然休息得不是很好，但第二天我依然精力充沛，认真学习了“如何让别人喜欢你”的主题培训内容。

这次王经理先从行为心理学的角度去分析，比如与陌生人见面要先打开话匣子，引出话题，再挖掘客户的潜在需求，然后介绍自己的产品。

他还告诉我们，让别人喜欢你的秘密就是发自内心的诚挚微笑，要学会真诚地赞美别人，只要知道逢人减岁、遇物加价、黄袍加身、子女有成，最后当然就是所向无敌了。

第三天王经理主要带领我们学习了一些商业案例，外加一些商业规则。比如：

250 法则，即不怠慢任何一位顾客；

蝴蝶效应，即 1% 的错误导致 100% 的失败；

路径依赖，即善于跳出固定的思维模式；

破窗效应，即要及时矫正和补救正在发生的问题；

零和游戏原理，即在竞争与合作中达到双赢；

跳蚤效应，即管理不要自我设限；

韦特莱法则，即从别人不愿意做的事做起；

青蛙法则，即时刻保持危机意识；

…………

王经理还告诉我们，对于商品和服务的说明，应该集中在对客人有价值的点上。

只有强调为对方好的那方面，才会增加客人的好感。最后我们还特别学习了签单七部曲、如何与客户成交等。此时此刻，我们每个人都铆足了劲，就等着上战场了。

通过这次学习，我把我认为比较关键的几句话都印在脑子里。比如，初次见面一定要博得对方的好感，一定要善于倾听，最大的商品是自己本身。一个人如果肯买我的产品，说明他认为我是一个值得信赖的人，那么我卖的商品也会让人放心。

第四天是实战环节，公司给我们每人两本英语教材，让我们去大街上推销。公司的要求是，每本十元，必须在两个小时之内卖掉。

刚走到大街上的时候，见到陌生人我有些犹豫不决，不敢上前说话，但时间在一分一秒地过去，我一看手机只剩下半个小时了，于是见人就推销。

当我远远地看到一位和善的阿姨向我走来时，我就硬着头皮迎了上去。

我的开场白是这样说的："阿姨您好，我是刚刚毕业的大学生，没有任何工作经验，如果今天把这两本书卖出去了我就可以留在公司，请您帮个忙。"

然后我还补充说："我相信您在您人生的起步阶段，一定有贵人帮助过您，我非常愿意让您成为我生命中的贵人……"

那位阿姨听了我诚恳而激动的"推销术"，哈哈大笑起来，她说她买，便马上买下了书，还给了我一张名片。当时我瞪大眼睛，真不敢相信我这么做居然推销掉了两本书。我从内心深处感谢这位阿姨，当着她的面我给她鞠了个躬。

有一本叫《卖产品不如卖自己》的书里说，顾客之所以买我们的产品，是因为他们被销售人员的诚信、良好的态度和杰出的工作能力所折服，而靠产品本身或者价格来卖东西的人永远只能是三流的销售人员。

我想我是靠诚信和良好的态度打动那位阿姨的。

不过，后来的事实证明，我的学习能力和工作能力都很强，业绩做得相当不错，每个月可以拿到二千元左右的提成，经理也很喜欢我。

但我还是选择了离开。

我是这样考虑的：第一，这些英语教材和网络卡价格很贵，虽然很实用，但当我看到贫穷家庭的孩子买不起的时候，我很难过，这不符合我的价值追求；第二，业务员要经常在全国各地出差，我的身体吃不消，而且我没有赚大钱的野心和欲望。

回头总结时，我发现做推销员给了我很多启发，那就是做人跟做推销员没有任何区别。做销售首先推销的是自己的人格魅力，其次才是产品。

现代推销既是一项复杂的工程技术，又是一种技巧性很高的艺术。推销员从寻找顾客开始，直至达成交易获取订单，不仅要周密计划、细致安排，而且要与顾客进行重重的心理交锋，可见心理学需要好好重视起来。

在社会上闯荡，我们的命运总是高低起伏，我开始懂得卖产品、找工作就是推销自己的人品这一道理。

事实上，我们每一个人至少在人生的某一时刻需要把自己销售出去，提高自己的受雇能力，让自己变得更值钱。老板就是自己的第一顾客，得老板者得舞台，有市场者有地位，作为劳动力商品的我们要不断提高自己的核心竞争力，以期待未来更有价值。

## 内心火种被引燃

我记得一位领导人对我们年轻人说过这样的话：“条件不足畏，命运不足信，得失不足计。坚定地走好自己的道路，全心全意为老百姓服务。”

我想条件是外界因素，不起关键作用；命运还得靠自己双手劳作，才能牢牢掌握；得失是一种心态，可以在实践中锻炼。生活在社会最底层的我只有一条路改变命运，那就是努力打拼。

2006 年 2 月，我辞掉在武汉的工作，去了广东。一方面是因为我的姐姐在广东打工；另一方面，我想去改革开放的前沿阵地看一看，寻找发展的机会。

广东的经济发展一直走在全国的前列，随着国家经济、科技和社会的发展，我国法制建设处在一个迅速发展和逐步完善的时期。特别是我国“入世”以来，社会对法律专门人才的需求急剧增加，各类经济组织、律师事务所对法律专门人才的需求尤为突出。

我想，广东可能也是这种情况，对于很多法律专业毕业的年轻人来说应该存在不少工作机会。

在广东那会儿，我经常穿梭于广州和佛山两地找工作，好在一些律师事务所和知识产权服务公司都有用人需求。

虽然我当时既没有资格参加司法考试，也没有律师资格证书，但可以先从事法律咨询方面的工作，于是我就应聘到一家从事商标注册、专利申请的知识产权服务公司工作。

广东有很多这种类型的中小型企业，竞争很激烈，有些企业为了在市场中获胜，不惜重金给企业或者产品注册商标，同时还搞专利申请，这样就给知识产权服务公司的发展壮大带来很多机遇。

我所在公司的经理曾给我们讲过他的赚钱故事，那时他正在生病住院，躺在病床上时突然接到一个电话，这是一个企业老板打来的，要求经理代为办理商标注册，就这样，经理凭着他的业务能力，轻轻松松赚了五十万元。

这的确是一个发财机会。工作期间，经常有同事鼓励我“炒商标”，即选中一个你非常看好的商标，在确定没有人注册之前，自己抢先注册，当有人有需求时再高价卖出，以获得高额的利润。

我对此不置可否。我冒不起这个风险，更主要的是我没有这样的投资意识，所以也就没有去做。

后来我注意到，国内有一些企业没有知识产权保护意识，明明是自己的商标，却被别人注册了，最后不得不跟别人打官司，付出昂贵的代价。而且，一些中国企业在进军海外市场的时候也常常遇到这方面的问题。

可以说，依法利用知识产权保护企业利益已成为企业的当务之急。

我觉得我在这家知识产权服务公司最大的收获就是，认识到了知识产权保护对企业发展的重要性。许多企业不太清楚知识产权的概念与作用，认为知识产权与己无关。

以商标为例，我国有许多的老字号，如“贵州茅台”“五粮液”“同仁堂”“狗不理”等品牌，在市场经济中不断发展壮大，但另外一些彻底或基本退出历史舞台，如“上海”手表等已经不复往日的风光，这不仅仅是一件遗憾的事情，更是一种资源的浪费。

以前我们常说“21世纪，人才最贵”，那么现在我们也可以说“21世纪，知识产权最贵”。

从事商标注册和专利申请这一行业，同时也让我思考关于中国人如何保护属于自己的“知识领土”问题。

举例说，如果我们自己不研究敦煌，那么就会出现“敦煌在中国，敦煌学在他国”的知识领土转移现象，在这方面，幸亏我们有被誉为“敦煌的女儿”的北大著名校友樊锦诗女士。

遗憾的事情也不少，日本的巨摩公司抢注了“西游记”和“水浒传”，并将“三国志麻将”注册为商标。

在这家公司，我第一次知道了SWOT分析方法。

这是一种企业战略分析方法，即根据企业自身的既定内在条件进行分析，找出企业的优势、劣势及核心竞争力所在。现在，这种分析方法已经被应用在许多领域，如学校特色定位、自我人生分析和定位等，它对一个企业或个人的成长和发展具有非常重要的作用。

举个常见的例子，我们知道，不同的行业都面临着不同的外部机会和威胁因素，如果你能找出这些外界因素将有助于你成功地找到一份适合自己的工作，因为这些机会和威胁会影响到你的第一份工作和今后的职业发展。

如果公司处于一个常受到外界不利因素影响的行业里，很自然，这个公司能提供的职业机会将是很少的，而且没有职业升迁的机会。相反，充满了许多积极的外界因素的行业将为求职者提供广阔的职业前景。

我在广州和佛山等地工作了一年多时间，稍稍积累了点儿工作经验，同时对社会及自身也有了更为清晰的认识。

生活在广州这个经济繁荣的城市里，感觉喧闹声无处不在，物欲在我的身边到处蔓延，对我的精神世界多少是一种侵蚀。我也经常反省，身处这样的时代，我感觉最重要的是要问自己一个根本的问题：“人活着到底是为了什么？”

这是一个绕不过去的问题，必须正视这个问题，以确立自己的人生哲学，也就是拥有自己的人生指南针。

有多少个深夜，我会静静地和自己对话，慢慢地自我发现，我渴望向自己的灵魂深处探索，渴望丰富自己的心灵，渴望在一块精神圣地上做自由的搏击。而南方空荡荡的，似乎已偏离我内心追求的方向。

有天夜里，我做了一个梦，隐隐约约游荡在一个有塔有湖的地方，久久不愿离去……

随后一件神奇的事情发生了，2007 年 2 月的一天晚上，我的一位在广州的亲戚告诉我，他准备到北京做生意，问我去不去？

“啊？北京？”我顿时想到了北大及我那个缭绕不去的“北大梦”。

我内心深埋的梦之火种被引燃——我渴望去北京看看那个遥远的北大。

我没有犹豫，第二天就向公司递交辞呈，简单地收拾一下衣物，跟着亲戚一起来到首都北京。虽然那时候并不知道来北京要干什么，会干什么，但我还是义无反顾地来了。

几十个小时的车程，我既不困也不累，我捧着关于北大的图书一遍遍地看着，一次次地遐想着。我想这次到北京，如果找不到工作也无妨，只要让我看一眼北大就满足了。

我也没有想到，在北京会发生那么多美好的故事，而转折竟是从决定北上的那一刻开始的。

Chapter 04

# 时有“惊喜”发生

## ▶ 引 言

那一刻，我跳了起来，随着激动的人群流下了热泪，中国一个世纪的梦想终于实现了，我相信那一刻华夏儿女都处于幸福中。

# 成为奥运会志愿者

2008 年 6 月，我在备考北大中文系之际，有幸被录用为北京奥运会安保志愿者。

对我这个小人物来说，这真是莫大的荣幸。

我还记得 2001 年 7 月 13 日那个夏日的夜晚，随着萨马兰奇主席的一声“北京”，电视机前竖着耳朵端坐的我激动得大声欢呼：“中国成功了，中国成功了！”

那一刻，我跳了起来，随着激动的人群流下了热泪，中国一个世纪的梦想终于实现了，我相信那一刻华夏儿女都处于幸福中。

那年，我正在读高二，高考的目标就是北京大学，心想在

2008 年奥运会举办时，我一定能在北京见证这一庄严而伟大的时刻。

后来，我高考失利，但我从没想过放弃努力，因为北大是我不变的梦想。

2007年的时候，我已南下广州打工，但对北京的向往一直都在，一想到奥运会即将在北京召开，我内心就生出去北京的强烈念头。于是我抓住一个机会，毅然辞职，来到北京。

很多事情的发生，仿佛已被提前安排好。在北京待了六七个月后，我便来到了北大。

当时，最让国人引以为傲的乒乓球比赛定在北京大学体育馆举办，真是“国校赛国球”，那时党和国家领导人，还有比尔·盖茨先生都来北大观看了乒乓球比赛。

现在该场馆已命名为邱德拔体育馆（为了感谢邱德拔基金的捐赠），它的建设充分体现了“绿色奥运、科技奥运、人文奥运”的理念，体现了勤俭办奥运的精神，且兼顾赛时需要、赛后利用的方针，也反映了北大师生对 2008 年奥运会的热情支持。

赛后，乒乓球馆逐步改建为北京大学综合体育馆，成为全国高校中设施一流的体育馆，用今天的话说，这对于北京大学实现创建“世界一流大学”的目标有重要的现实意义。

当整个北京城上上下下热火朝天地迎奥运的时候，我也很想参与其中，为奥运做点儿什么。没想到机会很快就来了，听说要从北大保安大队中选拔一批奥运会志愿者，我马上跑到队里报了名，但能否被录取，还是未知数。

好在审核顺利通过，接着便开始培训，经过一段时间的考核训练，直到最后拿到录取通知书，我才正式成为一名北京奥运安保志愿者。

7 月的北京，酷热难当，比酷暑更炽热的是我们训练的激情。当我在承诺书上签上自己的名字时，我感受到一份神圣的责任。虽然困难和挑战无处不在，但我有信心去完成这项光荣的使命。

2008 年 8 月终于来了，我们保安大队的志愿者按照上级要求，一部分被安排在北大乒乓球体育馆，一部分被安排到北京体育大学运动员训练场馆。

我前期驻守在北京体育大学运动员训练场馆，当时有幸领略到世界各国优秀体育运动员的风采，当他们每天从我身边走过的时候，我总能被一股无形的力量鼓舞着。

在体育赛场，我喜欢仔细地观察每一个人。有时会有人告诉我，今天哪个体育明星要来这里训练，明天哪个体育明星要来这里比赛……对此，我充满了期待，因为我从来没有这样近距离地观看世界性体育赛事。

2008 年的那个夏天，对我来说是特别的，我一方面实现了奉献奥运的梦想，另一方面也在积极地准备着北大中文系的考试。就这样，我一边当志愿者，一边看书复习，精神上异常亢奋，感觉生活前所未有地充实。

我能这样卖力，都是被奥运精神激励的结果。

有人说志愿者是奥林匹克运动的基石，因为我们每个人的真诚服务，保证了赛会的顺利进行。有人说志愿者是奥运会真正的形象大使，因为我们不仅代表奥林匹克精神，而且肩负着传播本国优秀文化的重任。“志愿者的微笑是北京最好的名片”，对于这句话的真切体会，是在正式以志愿者的身份开始工作之后。在奥运训练场地，当我和同伴的努力付出得到各国运动员的肯定时，我深深地感悟到了志愿者的精神内涵。

现在，只要我在人群中看到穿同样服装的志愿者，便会觉得格外亲切。因为这段特殊的经历，我们的脸上写着欣慰，我们的心中刻着无悔。

做奥运会志愿者，是我一生中最美好的一段记忆。因为志愿者的经历让我学会了很多，感悟了很多，成长了很多，虽然奥运会早就结束了，但我会将自己的志愿服务之路坚实地走下去。那套印着祥云图案的奥运会衬衫值得我收藏一生，也将激励我不断地奋斗下去。

刚当保安那会儿，

感觉一切都很新鲜，

获得一份荣誉就是一份动力

## 考入北大中文系

奥运会结束后，我如愿考入北大中文系，多年的梦想终于实现了。生活逐渐由苦涩变得甘甜起来，此时我的身份是北大保安兼燕园学子。

2009年，我报名成为北大平民学校的一名志愿者。在平民学校，我的工作内容之一就是与新学员沟通交流，鼓励他们主动学习，在课堂上积极发言，课下多阅读，激发起学习的热情。

课下的时候，他们会问我是如何考上北京大学的。开始的时候，我只是简单地告诉他们，制定复习目标，坚持看书就行了。后来他们很多人都对我的故事感兴趣，想让我多讲讲我是怎么一步步走到今天的，也包括我是怎样备考复习的，在北大这两年的生活和学习有什么感受。

我想他们之所以关心发生在我身上的事，主要是因为我与他们有类似的背景，差距不是很大吧。当我意识到我的这些奋斗故事不仅吸引他们，而且能触动他们的内心、激发他们的斗志、让他们敢于追求自己的理想和目标时，我便乐于分享我的故事。

谈到我与中文系的渊源，我告诉他们，北大中文系是全国中文学科中规模最大、学科最全、总体实力最强的系，也是北大历史最悠久的名牌大系，能够在这里学习是我一直以来的梦想。

我向往北大，是因为我曾在书中看到，这里有一群喜欢读书的年轻人自由地生活在这个大园子里，他们的背影无处不在。无论清晨还是黄昏，这样的背影都会出现在未名湖畔的石堤上、图书馆前的草坪上、教学楼旁的迎春花树下、山坡树林的石砌曲径中。

我向往北大，是因为这里多的是匆匆赶往教室的身影，多的是匆匆赶往图书馆的身影，多的是热烈讨论问题的身影。

我向往北大，还因为这里的每一个学子都像海绵吸水那样，拼命地读书、拼命地充实自己的生命、拼命地提升自己的智慧。

中文系就是北大最动人的地方。

有时候我感觉和他们讲得不过瘾，我就写成文字，不想，这促使我清晰地梳理出自己的人生轨迹，同时也让我更加坚信就读中文系是一个正确的选择。

我喜欢文字，我痴迷于写作，我享受在北大中文系的每一天。

很多人说在北大学到的不仅是专业知识，更是一种思想和一种精神。这种说法更多地体现在师生之间那种难以言表的和谐融洽的关系当中。

当年袁行霈先生写给学生的一段话是这样的："我真喜欢给你们上课，当我站在讲台上时，我觉得我就像一个交响乐团的指挥，凡是在我觉得应该有反应的地方，你们都会发出会心的微笑。这种感觉真是太好了。"

在北大，就是这样一种氛围，老师不仅仅是在传授知识，更是铸造你的人格，锤炼你的灵魂，塑造你的精神。

正所谓百年学术，薪火相传。今天当我坐在北大的课堂上，静静地聆听老师的教诲，我就觉得自己是这个世界上最幸福的人。

在中文系历史上，诸如严复、鲁迅、胡适、沈从文、王力、游国恩等众多大师名家，都曾经任教于此，秉承"铁肩担道义，妙手著文章"的人文信念和学术理想，为学科建设、学术传承、文化进步乃至民族发展做出卓越的贡献。我相信今天每一个在北大中文系求学的学子，不仅可以受益于前辈学者的人格魅力和学术积淀，更真切地感受诸如袁行霈、陆俭明、钱理群、温儒敏、谢冕、洪子诚、陈平原、程郁缀、蒋朗朗等当代名师和一大批中青年学者的人格气象、个性风采，得到知识和思想的双重滋养。

在中文系读书，总有惊喜有趣的故事发生。

我曾选修一位著名教授主讲的"小说的艺术"课程。课程即将结束那天，老师走上讲台，说的第一句话不是今天是最后一课，同学们应该如何如何，也不是考试细节安排。他是这样说的："快过年了，今天所有在这儿听课的同学，下课后我们一起吃个饭，老师请客。感谢你们这一学期的配合！"

你可以想象当时那个惊喜的场面。

那天课后，从教室到餐厅的路上充满了欢声笑语，一派提前过年的氛围。在农园餐厅三楼老师为我们摆了三大桌宴席，师生围坐在一起，有说有笑，特别开心，我们都向老师敬酒并互致新年祝福。

在餐桌上，我们和老师继续探讨文学创作话题，交流"小说的艺术"。更具有纪念意义的是，吃完午饭后，我们还和老师在百年纪念讲堂门口合影留念。

我珍视这样宽厚的北大、这样亲切的老师、这段金子般的北大岁月。

我清楚地知道，考上北大，入读心爱的中文系，实现了少时的梦想，这只是万里长征的第一步，以后的路还很长，以后的故事还会更精彩，而我已经做好了继续吃苦的打算，面对任何困难我都不会低头的，多少困苦我都熬过来了，我现在要做的就是奋斗，就是要写出真正有价值的文章，中文系会见证我的奋斗的。

Chapter 05

# 我的三重身份

# ▶ 引 言

我在北大保安、燕园学子、支教老师这三重身份中转换自如，获得三种看世界和看自己的角度。亲身感受北大百余年人文气息，是我今生最大的荣幸，让我觉得自己是世界上最幸福的人。为什么我的眼里常含泪水，因为我对未名湖爱得深沉。

## 三个角色，转换自如

有人说，在燕园，我这个人显得有些特别。

穿上制服，我是北大一名普通保安，每天往返于我的执勤岗位；换上便装，我是北大学子，经常奔波于北大课堂、图书馆之间；出了北大门，站在支教的讲台上，学生们又称我为甘老师。

我知道，我能从湖北广水的小山村走出来，一路曲折走到梦想中的北大，实现上中文系的愿望，每天还能抽空读书写作，命运在我身上起了变化，曾经想都不敢想的事情，居然一个接一个地实现了。

我充满欣喜，充满感恩。

曾经，我和许多农村出来的同龄人一样，贫困过、自卑过、哭泣过、微笑过，更重要的是我们奋斗过。如今，我在北大享受着我的“战果”，继续着“我的奋斗”。

所以，我在北大有三重身份：北大保安 + 燕园学子 + 支教老师。

这几年来，我就是这样在美丽的北大日复一日、年复一年地过着简单而又充实的校园生活。

我喜欢我的这三个身份，我总是能够很好地适应它、调顺它，获得三种看世界和看自己的角度。

每当我执勤站岗的时候，我的角色就是扮好北大的一名普通保安，在这个岗位上你可以携带自己的梦想，但最好不露声色。因为角色要求我安安分分、任劳任怨地坚守在自己的岗位上。

站在北大的校门口，每天面对成千上万的人，不管是穷人还是富人，不管是骑自行车的还是开宝马的，当他们从我身边经过的时候，我都一律向他们敬礼。

因为在我眼里，他们都是一样的，都值得我去尊重，我也希望人与人都能做到相互尊重和感恩。

当我脱下保安服，匆忙赶到中文系的课堂时，我能够马上安静下来，认真地聆听中华民族浩瀚的文学史，和老师同学们一起展开热烈的交流。

坐在中文系的课堂里，北大历史上的那些风云人物如蔡元培、陈独秀、李大钊、胡适、鲁迅等都浮现在我的脑海里，他们不仅成为一个时代的骄傲，更使一个民族感到自豪，他们的思想光辉和人格魅力曾经影响了几代人，如今北大学子依然受益其中。

当我和民工的子女待在一起的时候，我的心总会和他们贴得很近。

我不遗余力地向他们传递知识和梦想，告诉他们，人的命运是可以改变的，现实的一切都不足为惧。

我还和他们一起分享我小时候的故事，比如和小伙伴们一起放牛的乐趣，可以把专心吃草的牛撂在一边，漫山遍野去摘金银花，比如在河边抓螃蟹被夹手的经历。

但我总要告诉他们，是读书让我变得坚强和自信，是读书让我明白知识可以改变一个人的生存状态，最终决定一个人的生命价值。

当一个个聪明淘气的孩子亲切地称我甘老师的时候，我感觉面前的一切顿时变得神圣起来，庄严无比。我常想，我能给这些孩子们什么呢？我一定要加强学习、好好修炼自己啊！

当初，我是带着我的梦想进入北大的，我知道我要承担起更多责任，如今，我已自觉践行其中。在北大站岗，为北大服务，我心甘情愿，一生都会为之骄傲。

在北大读书学习，是我学生时代最大的梦想，如今它实现了，它是那样鲜活动人，我就像一个饥渴太久的孩子，如今终于得到最好的照料。

我到任何时候都不会忘记，自己是从山窝子里走出来的一个放牛娃，我曾经自卑过，但从来没有屈服过。我一直思考着如何能走出祖祖辈辈命运的怪圈，如今，我已经完成多少代人都不能完成的梦想。

我注定是要走出大山的，因为我觉得我有很多事要做，我感觉外面的天地空间很大，我可以做成很多事，当下的一切都不能满足我真实的需要，我不能永远守在那一亩三分地里，年年在稻田里插秧。

生命本身就是一个偶然，我们应该不断地去书写这个奇迹；生命就如弯弯溪流静静地流向远方，到她所要到达的地方。我常常一个人静静地走在人群中，去寻找真正的自己，寻找属于自己的成功之路。

我绕了好大一个圈子，终于来到了北大，我总觉得这是冥冥中的安排，而这其中的酸甜苦辣只有我自己知道。

从南方绕到北方，从“广漂”变成“北漂”，最终停留在未名湖畔，梦马上跟着生根发芽。春天又要到了，唯希望自己快快茁壮成长，因为这里土壤肥沃，精神丰腴。

这几年，我感觉自己做得不好也不够，但北大给了我很多的荣誉和掌声，我要感谢北大所给予我的一切。

在这里，我也要给北大一个承诺，我必将用自己的行动、用自己的努力和成绩回报您。我将带着这三重身份，继续向上攀登。

# 我在北大的第一次演讲

北大可是个神圣的地方，没有两下子，谁会请你到北大来做演讲？我那时还没有“两下子”，居然也能在北大做演讲。

都说站在北大的讲台上有点儿诚惶诚恐，我确实感受到了。

那是 2008 年，在北大平民学校第三期培训班学习快要结束的时候，班委会为了锻炼同学们的综合能力，决定以“我学习、我工作、我快乐”为主题，举行一次演讲活动。

当班长找到我的时候，我还挺犹豫的，总担心讲不好。为此，班主任也出面鼓励我，他说：“你看，你的学历是非常高的，而且文章也写得好，怎么不敢上台去讲讲呢？你完全有这个实力，况且机会难得，你要好好把握啊！”

经班主任这样一“鼓动”，我答应了。

那次演讲我主要讲了我的成长和求学经历，我谈到自己从小就生活在贫穷的大山深处，渴望通过读书走出大山，了解世界，更渴望学有所成，然后去帮助更多的人。

虽然后来求学艰难，但进入了省重点高中广水一中，遗憾的是，由于发挥失常，2002 年高考只过了专科线，进入武汉一所普通专科学校读法律专业，但内心深处始终有一个坚定的信念：北大在等着我。

我还分享了我的求职经历，大学毕业后，我“南漂”广东，先后在知识产权服务公司、律师事务所实习和工作过。2007 年辞职“北漂”，在一所农民工子弟学校当过语文老师。

我告诉同学们，我的这些经历，促使我格外关注社会底层的弱势群体和农民工子女教育。

不过，比较幸运的是，2007 年 8 月，我在朋友的介绍下到北大当保安，有机会参加北大重大事件和赛事的一线保卫工作。

我越谈越兴奋，心情也越来越激动，我说能够在美丽的燕园生活学习，能够仰望未名湖上空的蓝天白云，切身感受北大百余年的人文气息，是我今生最大的荣幸。我享受在北大的每一天，感恩在北大的每一天。

最后，我还分享了我的一些人生感悟，并鼓励同学们说，改革开放三十年已经过去了，祖国取得了很多令世界瞩目的成绩，改革的下一个三十年已经拉开帷幕，而在座的各位将是中国的希望之所在。

没想到我讲到这里的时候，下面突然爆发出热烈的掌声。

我已经完全进入演讲状态，我还谈到普通劳动者的光荣和伟大，我说各位同学能够成为北大平民学校的一员，是多少人求之不得的事情，应该感谢北大教育学院“进城务工人员的继续教育和培训”课题组的老师们及志愿者团队。

我们的劳动人民身上有很多值得每一个中国人学习的品质，比如勤劳朴实、吃苦耐劳、生存能力强等，这些品质不仅让他们活得有尊严，同时也在感染和激励着他们的子女去拼搏、去奋斗，我从我的父母身上就学习和继承了很多东西。

生活在繁华都市里的农民工群体，用他们的辛勤汗水为国家的现代化建设做出不可磨灭的贡献，美丽的“鸟巢”、雄伟的北大体育馆，无不凝结着他们的心血智慧。

北大平民学校的同学，也是中国千千万万流动人口大军中的一个缩影。正是他们辛勤的付出，才有这个美丽的北大、干净的北大、令人尊敬的北大。他们年复一年的默默耕耘，也在为把北大建设成为世界一流大学而贡献着自己的那份力量。

我还结合自己曾在北大平民学校学习的经历和感受，谈了自己的体会。我认为平民学校是一块教育试验田。大学是社会的一个缩影，中国要由一个农业大国变成工业强国，必然要面临全世界最大规模的人口流动，即转移农村剩余劳动力问题，“三农”问题关系到现代化建设的成败，对农村剩余劳动力进行教育培训非常有必要。

我说平民学校的创办是一个创业过程，在这里，老师和学生都存在相互了解、相互学习的需求。我也谈到平民学校的定位问题，即我们要培养什么样的人才，我希望培养的是创业型人才，最好能多出几位小老板，以创业带动就业，逐步实现共同富裕。

我还认为平民学校是务工人员的精神家园。当你遇到人生的挫折和磨难时，如果你还能想到在北大、在未名湖畔还有这样一块心灵乐土，也是一种安慰。我的期望是，平民学校不能只在北大，我们还要向全国两千多所大学推广，让更多的人受益，这也是促进社会和谐不可缺少的一环。

最后，我深情地对大家说，其实，我们在北大的出路非常多，机会非常多，你可以选择通过成人高考进入北大学习，或就读北大网络教育学院及各种专题培训班，学习结束后便可获得北大毕业证书或相关证明。

2008 年是奥运之年，全世界的目光都将聚集北京，而北京大学奥运场馆更需要一批优秀的安保人员。我还谈到前段时间，在北京大学建校一百一十周年的日子里，国家领导人来北大视察，为新时期北大的发展指明方向，北大的发展也需要我们每一个人的努力奉献。

北大有位教授这样说，全中国有个最好的地方是北京，北京有个最好的地方是海淀，海淀有个最好的地方是未名湖畔。不管你是谁，只要你在这里学习过、生活过，北大，就是你永远的精神家园。

当时坐在讲台下面的有北大的老师、学生、平民学校的学员，还有志愿者等。

当我演讲完毕、走下讲台之际，他们热烈地为我鼓掌，肯定我的表现，让我感觉美好极了。

我庆幸自己做了这个选择，战胜自己的担忧和不自信，也感悟到，凡事不要说不可能，也不要轻易否认自己在某方面的潜能，最好的办法就是行动、尝试，谁能保证你不能收获一个全新的自己呢。

从那次演讲以后，我倍加珍惜在平民学校学习的机会，每天都想着多学习多进步。

功夫不负有心人，在平民学校课程结束时，我被评为优秀学员。

在毕业典礼上，时任北大党委书记闵维方教授专门发来贺信表示祝福。我知道闵书记早年有当“矿工”的经历，我知道他理解我们求学的艰辛，我曾经听过他讲述自己的成长经历，鼓励我们不要怕吃苦，要能在艰苦的环境中成就自己的人生，要勤奋学习、努力拼搏，早日将自己塑造成栋梁之材。

当时北京大学副校长、平民学校校长岳素兰等校领导在毕业典礼上为我们颁发荣誉证书，教导我们要好好珍惜在北大的学习机会，努力提高自己的工作能力，为今后的人生发展奠定基础。

这就是我在北大的第一次演讲，也是激励我更加奋发向上的一次演讲，好在我没有辜负大家的期望，我希望以后能做得更好。我深深地感恩我那些可敬的老师和可爱的同学们。

## 把免费的资源用到极致

北大校长周其凤在给我这本书写推荐序的时候，特别对我说了一句话，他说："北大的资源用之不竭，学生用得越多，北大就越好、越富有、越高兴。"

周校长一方面是说我善于利用北大资源，不断充实自身，使自己更快成长；另一方面也一再表明，在北大这块沃土上，北大资源无处不在，无时不有。这里有很多奇珍异宝，所有的人尽管去取去用，对自己千万不要太吝啬。

我进一步体会到，北大这种资源不但丰富异常，价值连城，而且它还是免费的。

在我看来，这种免费资源大的方面可以叫她“北大精神”，小的方面可以叫她历史传统、人师宿儒、爱国进步、民主科学、宽松气氛、湖光塔影、艺术演出、海量藏书、周末讲座……

转眼间我来到美丽的燕园将近五年了，自从在这个园子里开始生活，我一直身在其中，受益其中，再也没有离开过她。

在这里，我时常感觉自己的脚步和心灵出奇地一致。我常常一个人站在未名湖畔的石舫上，静静地感受北大的无边气场。

2012 年 12 月，我将迎来三十岁的生日，古人云：“三十而立。”我也在不断地问自己，我立起来了吗？我还有哪些方面的不足，我该如何去弥补？

最后，我惊喜地发现，我人生所有的答案和出路都在北大，我只要自取所需，照着这条路往前走就是了。

北大作为新文化运动的中心和五四运动的发祥地、中国最早的马克思主义和民主科学思想的源头，以及中国共产党最早的活动根据地之一，为民族的振兴和解放、国家的建设和发展、社会的文明和进步做出了不可替代的贡献，在中国走向现代化的进程中起到了重要的先锋作用。

爱国、进步、民主、科学的传统精神和勤奋、严谨、求实、创新的学风在这里生生不息、代代相传。

一所大学承载着一部历史，在世界高等教育史上也是罕见的。

新儒家的代表人物、哈佛大学燕京学社的前任社长杜维明先生曾经这样评价北大，他说：“五四以来，北京大学不仅是中华民族争取独立自主的象征，而且是现代中国哲学家、史学家、文学家、社会学家、政治学家和自然科学家所向往的精神家园。仅此一端，世界其他大学，如东京、首尔、哈佛、牛津或柏林都无法望其项背。”

这也从一个侧面体现了中国的对外开放水平、国家的综合实力及北大在世界教育史上的地位，也更加映射出北大独一无二的资源优势。

2007 年我进入北大后，北大保安大队首先给我们这些保安员创造了良好的学习条件。课余我便努力读书、旁听、写作，并尝到了收获的甜头。

随后我进入北大平民学校学习，获益更多。

以前，老北大的校门口挂着一块牌子，写着“学堂重地，闲人免进”。后来蔡元培先生来北大当校长，就把这块牌子取掉了，由他主持开办了“北大平民夜校”，让北大的教授和学生利用晚上的时间，为北大的校工上课。

这就是北大平民学校的开端。

时隔八十多年之后，今天的北大平民学校仍然继承了这一传统。它是一所免费为北大后勤系统内的进城务工人员提供教育和培训的“学校”。

学员全部来自北京大学餐饮中心、水暖中心、浴室、幼儿园等后勤系统，有保安、厨师、幼教等。教师全部义务授课，同时还有北京大学学生志愿者辅助教学。

北京大学重新创办平民学校，为进城务工人员提供继续教育的机会，可谓其最大的免费资源之一。

当我得知我的一个同事在 2007 年第二期平民学校学习后，受其影响，我在 2008 年上半年也报了名，结果有幸从北大后勤系统大约三千人中脱颖而出，单位领导最后根据我平常的工作表现和个人的学习愿望，确定了录取名单，于是我成为第三期平民学校的一名学员。

在平民学校学习期间，学校开设的课程很多，每周都有非常优质的课程，比如学会学习、人际交往、网络课程、理财、英语、计算机、国学和礼仪等方面的课程，这些课都由北大很有名气的老师来讲。

我觉得自己通过在平民学校的进修，获得了一种无形的精神力量，内在受到了熏陶，这对我的生命触动很大。

在这里，我们上课的气氛非常好，老师经常鼓励大家多发言，学员们会积极主动地加入到讨论中来，有什么不懂的还可以和身边的志愿者交流，我觉得这种感觉幸福极了。

平民学校更像一个大家庭，除了上课，我们平常还会举办各类运动会、文艺晚会等，我当时还在文艺晚会上表演过诗歌朗诵。

通过一学期的学习，我们每个人都顺利结业，获得了学校颁发的结业证书。实际上，我们收获的不仅仅是这样一张结业证书，更是一种无形的精神财富。

当初刚进入北大时，我曾对自己做过一个规划：第一，要继续阅读大量文学作品，保持良好的写作习惯；第二，要阅读比较有宏观视野的书籍，拥有社会学的思维方式；第三，要保持对思想、政治、教育方面的关注；第四，要学习日常英语口语，保持对语言的敏感性。

这几个方面，我在北大都做到了，而且都有额外的收获，这些得益于我对北大各种资源的使用。

在北大，我也曾受惠于许多老师，他们也是北大的无价财富。

我人生中的第一张飞机票是韩凌教授帮我买的，年轻的韩老师是一位特别热心的学者，他不仅鼓励我多读书，继续深造，还特别关照我的学习和生活，并且赠送给我很多书籍，像《读库》系列书籍，此外，他还经常和我探讨学术问题，让我深深受益。

我在环境学院工作时，唐孝炎院士经常让助手给我带好吃的东西，每次见面的时候我就向唐老师问好，她七十多岁的高龄还给本科生上课，做学术演讲，尽管身体不好，还是要到学校走一走、看一看，是一位德高望重的学者！

著名农村问题专家叶文虎教授，曾专门把我叫到他的办公室询问我的人生理想和未来的职业规划，他和我畅谈“三农”问题、新生代农民工在城市的发展方向等话题，也为我的新书写了评语，叶老师不仅学问做得好，还担任过北京市政协副主席，令人敬佩！

我永远记得这些恩惠。它将鼓励我在人生的发展道路上更加奋发前进。

每天当我早上一觉醒来发现自己还躺在北大时，心中便充满了无限的感恩。

的确，一个人的成长和成功需要平台，有时小人物也需要大舞台，而北大就是一个免费的大平台，北大就是一个成功的大环境。

只要你有幸经过这里，或者在这里停留，那么你的人生将会无比丰盈，因为这里处处是免费的无价资源。

对于北大，对于我生命中的北大，我想套用艾青的那句诗来表达我对北大的热爱：“为什么我的眼里常含泪水，因为我对未名湖爱得深沉。”

北大后勤中心的同事们

# Chapter 06

# 北大最美的风景

## 引　言

在北大人的精神血脉里，一直有一种温暖的东西被传承。在这里，无论是在校生还是旁听生，他们夜以继日地泡图书馆、疯狂地阅读、如饥似渴地听课听讲座、随时随地交流讨论。这是北大最美的精神风景，也是北大最殊胜的灵魂生活。

# 北大从不拒绝旁听生

“在北大，从来没有拒绝旁听生的历史，我们今天也不能！这是北大的校风，北大的传统！”

这样一句铿锵有力、义正词严的话，是当年“清华四剑客”之一的北大名教授吴组缃先生在北大所开设的小说课上对一位准备限制旁听生的教员说的。

自京师大学堂创办之日起，北大便兴起了旁听传统。伟人毛泽东、文学大家沈从文等都曾是北大旁听生，他们的北大旁听经历被誉为美谈。

北大中文系陈平原教授也说过，北大自建校以来就有着自由听课的传统：默许外系、外校乃至外地的学生未经注册而进入教室听课。只要教室里有多余的位子，而你又不影响正常的课堂教学，周围的人即使明知你是“偷听生”，也不会横加干涉。这早已成为北大校园里最为引人注目的风景之一。

北大旁听生主要有三大类：游学者、考试族、周边高校的学生。他们大多怀着精神信仰来到北大这块心中的“圣地”寻梦、做梦，每个人的生活背景不同，他们形态各异，各有活法。

在旁听生的眼里，北大有三件宝贝：图书馆、导师和讲座。在探索真理、寻求知识这方面，北大人和北大旁听生是平等的，大家几乎拥有同样的学习条件，从某种程度来说，旁听生的求知欲更强，对所能利用的资源用得更加彻底。

我来北大之前，早已听闻北大旁听生的故事，如果不是后来有幸做了北大保安，又考入北大中文系，得以名正言顺地蹭课、蹭讲座，我大概也要成为“北大旁听生”的一分子。

在北大这五年多的时间里，我见识到形形色色的旁听生，也接触了很多旁听生，对他们的好学精神、求知意志、与命运抗争的勇气，我既感同身受，又钦佩不已。有时我也会尽我所能去帮助他们。

近些年，有一个著名的北大旁听生，他便是被媒体誉为“北大游学代言人”“北大旁听十年熬成的学者”“姓氏文化专家”“曹聚仁研究专家”的柳哲先生。他也是“北大边缘人”的提出者，在北大经过十多年的旁听苦学生涯之后，现在他已经成为著名研究学者。

1995 年，当时还在浙江兰溪务农的柳哲决定抓住一个到北大进修的机会好好闯一闯，学点儿真东西。这一决定成为他人生的第一个转折。

当他经历三十多个小时的火车颠簸，带着他仅有的图书资料、生活用品、行李和家里仅有的三千元积蓄来到北大时，旅途的疲倦丝毫未影响他的兴奋之情。

从第二天起，他就决定放弃交钱进修获得结业证书的打算，转而做起了免费听课的北大旁听生。

这一听就是十五年，其间经历了生活的种种艰辛，没钱租房时，他就住在校内无人管理的小破屋内，冬天冷得都没法伸手拿书，白天或周末不得不出去打工赚钱。

1998 年 3 月，柳哲开始在北京筹办“中国曹聚仁研究资料中心”，并得到很多人的支持和鼓励，这成为其人生的第二个转折点。

2001 年柳哲遇见了人生中第三个重要转折点。他开始从“曹聚仁研究”转向“北大边缘人”研究。那时，他突然悟出一个道理：一个人一定要有实力、有成就才会得到尊重。当时他一边寻出路一边还要维持生计，身无分文的时候，他吃饭去小店或摊位上赊账，打电话也要去电话亭赊账，有时甚至是一个馒头就白开水就算吃饭。

为了挣钱求生存，他帮某公司抄信封，两天挣了一百二十元，乐了好一阵子。有一年夏天，他通过与民工聊天得知拆房时整理砖头一块能挣三角钱，就高兴地去干了一天，手指都被磨出了血。

但这些都没有阻挡住他对知识的渴望，也没有动摇他旁听可以改变命运的信念。通过在北大多年的修炼，如今，身兼数职的柳哲已经做出一定的成绩，正朝着人生更壮阔的方向前进。

柳哲曾经做过这样一个统计，在北大旁听生中通过自己的努力、最后功成名就的有：毛泽东、瞿秋白、陈毅、沈从文、冯雪峰、丁玲、杨沫、胡也频、柔石、周建人、金克木等。北大资深教授季羡林也曾在清华求学期间到北大旁听过相关课程。在北大任教的鲁迅、周作人，还推荐他们的弟弟周建人到北大哲学系旁听呢！

如今有一批北大旁听生，他们怀着不同的梦想来到北大的课堂，要么考研升学，要么做学术研究，要么创办公司，要么投身传媒，要么从事公益……不少人通过旁听改变了自己的命运，比如新东方创始人之一的徐小平、中国人民大学农业与农村发展学院院长温铁军、亿万身家的浙江企业家温邦彦等都曾是北大旁听生。

我还了解一个旁听生，名叫于仲达，来自安徽西北部，年三十有余，给人感觉好学、善良。他成家以后，倍感人生的苍凉和环境的压抑，想突破自己苦闷的生活，精神世界又不能得到彻底的解脱。2007年他毅然辞掉在小城的工作，来到北大旁听中文系、哲学系和宗教学系的课程，也就是在这期间，他克服种种艰难，对鲁迅、中国现当代文学、基督教文学、佛学进行研究。天性好学的他，在北大这几年如鱼得水，学术研究水平直线上升，有时他与北大教授、研究生探讨相关问题，往往都能赢得对方的惊奇和叹服。

通过永不倦怠的听课学习和严谨苛刻的学术训练，他现在发表了很多有价值的学术文章，还在2011年6月出版了自己的旁听“成果”——《北大偷学记》一书，里面有对北大十八位名师风采的精彩描述，读来酣畅淋漓，可谓北大旁听生中的又一代表。

我始终觉得，那些没有学籍、未曾佩戴过北大校徽、手中也没得到校方的任何凭证，不顾生存艰难却一心为了求知的旁听生们是这个社会值得尊敬的一个群体。在游学这条路上，他们生活艰辛，道路也不平坦，只因为有了梦想，前途便不渺茫，未来便充满希望。我相信北大旁听生一定能够改变自己的命运，他们每一个人都不会空手而归的，因为他们是用自己的全部生命去换梦想的成真。

北大的很多讲座火爆程度是难以想象的

图为英杰交流中心阳光大厅的现场听众

## 不听讲座，不算到北大

近些年，社会上各种版本的“北大讲座”系列图书非常畅销。

这一方面彰显了北大的影响力，另一方面彰显了北大学术的魅力。向往北大的人，无不向往北大的讲座，平日里，散布在各个教室的周末讲座更是北大最别致的一道校园风景。

如果北大没有讲座，它将变成思想贫瘠、荒无人烟的戈壁滩；如果北大没有讲座，北大精神的百分之八十都将孱弱无力。

到底什么是“讲座”呢？通常来说，就是学者台上讲，学子座下听。

有人总结说，北大有“三多”：一是社团组织多，二是学术活动多，三是思想流派多。而“三多”的集中体现，就是名目繁多、精彩纷呈的各类讲座。有人说，不听讲座，不算到北大；还有人说，在北大课可以不上，但讲座绝不能不听。

一般来说，凭借北大的声望，被邀请者不管名气多大、职位多高，都不会拒绝。于是，北大的学生有福了，可以见识到各个领域最优秀的思想者。

尤其让外人羡慕的是，北大学生一直有听取世界顶级讲座的运气和机会，这也是北大学子开阔眼界的重要途径。

现在，北大校园内每天还会在条幅、BBS、讲座网上公布各种各样的讲座信息和一些热门人物的热门讲座。

每次开讲前，门前都会挤满听讲的学生，座位更是提前数小时被“预订”，桌面上满是用于占座的物品。主讲人带来的是思想的盛宴，听众带来的是问题、思索、感悟和辩论，好不惬意。

北大校园里至今还流传着一个真实而经典的段子：

> 20世纪90年代初，北大邀请一批著名专家学者组成讲师团，在学校定期演讲，一位毕业校友强烈要求加入讲师团。校方问：“人家都是著名专家学者，你的身份是什么？”
>
> 他想了想说：“我是著名本科生。”

在北大听讲座，也是我汲取学术养料、丰富精神内涵的一个重要途径。自从我进入北大当保安开始，工作之余我只做三件事：阅读、蹭课、听讲座。

我通过在北大的学习，体会到了北大前校长许智宏称讲座为"知识快餐"的意思。

他说："讲座可以让学子们了解数理化、天地生、文史哲、政经法诸学科的最为基本的东西，也可以让他们深入研究与探讨某一方面的学术前沿问题。"

我正是通过阅读和听讲座获得了很多专业以外的知识，开阔了眼界，启发了思维。

在北大，大大小小的讲座我听了上百场。比如，我在光华管理学院听过王石讲他早年的创业史、冯仑讲他的企业经营战略，还听过俞敏洪、杨澜、李开复、林毅夫、黄怒波、张亚勤等人讲述他们的奋斗史。

其中我印象比较深的是地产界思想家冯仑的讲座。

记得有一次在北大英杰交流中心，听他讲"从野蛮生长到理想丰满"，我觉得很有味道。

他说他曾经和内地一批企业家去拜访香港首富李嘉诚先生，李先生专门到电梯口去迎接他们，和他们一一握手。李先生看到旁边还有一位服务员站在那里，李先生又过去跟这位服务员握手。

李先生的做人品格给大陆企业家留下了很深的印象。他们都想知道李嘉诚成功的秘诀到底是什么？李先生告诉他们八个字："拥有自我，建立无我。"

说简单点，就是你既要把自己当回事，又别太把自己当回事。这给内地企业家上了有益的一课。

冯仑还谈到，李嘉诚先生虽是香港首富，可是在李先生之前一定有人比他更有钱，那些人到哪里去了？比尔·盖茨是世界首富，可是在他之前一定有人比他更有钱，那些人又在何处？

冯仑最后总结说这是因为他们都有一个伟大的理想，一开始就走正道，并用一生去经营，所谓伟大都是熬出来的，守正才能出奇。

这给我们青年学子以很大的人生启迪，只要你坚持理想并为之奋斗，发财致富只是顺便的事，它只是你事业的附属品。

他也告诫我们今天的年轻人，干任何事情都不能投机取巧，要脚踏实地，钱心跟着人心走。在当今这个浮躁的社会，一夜暴富、急功近利的心态弥漫在青年人中间，这也是很多人失败的一个重要原因。人在做事情的时候，如果一开始就错了，后面也就全部错了。所以树立一个远大的理想，每天为着这个目标去努力，哪怕是每天进步 1%，只要你坚持走下去，就算暂时没有达成目标，其结果也是好的。

此外，中文系的名师如陈平原、温儒敏、陈晓明等教授的学术讲座和课程，我也认真聆听和切身体验过。

遗憾的是，钱理群教授和陆俭明教授已经退休了，但有一次，我还是有幸听到钱教授回校给同学们讲学者的责任意识以及我们作为“后死者”的社会担当。

此外，陆俭明教授也被邀请回校给研究生做学术报告，我有幸当场感受了他的语言魅力。

讲座结束后，陆教授夫妻俩去给自己当年恩师的遗孀拜年，回来时，我们再次在校园内相遇，我主动问候陆老夫妇。他很好奇，问我是怎么认识他的，我说我刚听过您的讲座，他显得很高兴。因这讲座得来的缘分，我们互祝新年，小叙了一会儿，他还主动询问我在北大的生活学习情况，让我好好利用北大丰富的教育资源，多充实提高自己。

从中文系毕业的著名作家刘震云，其作品《一句顶一万句》获得了 2011 年茅盾文学奖。那次在“中国作家北大行”的系列活动现场，我有幸聆听了他谈创作的感悟。

有意思的是，在中文系百年系庆论坛上，刘震云饱含深情地回忆了关于中文系一些老教授的故事，还说当年自己的班主任程郁缀老师曾组织同班同学聚会，他当时在河南的村里，所以没来参加。还有一个重要原因就是，他听说班上最漂亮的那个女生从美国回来了，他想把对这位女生的回忆永远保持在二十年前。当时全场轰动。

北大著名教授、美学家叶朗先生的课和讲座我也有幸多次听到，他讲课深入浅出，幽默风趣，引人入胜；他本人亲切和善，颇受学生好评。我经常在校园里碰到他，但我并没有和他说过话，我发现他总是低着头走路，像在思考什么问题。

在北大的日子里，在一个又一个的讲座现场，我常常为学者们的学术造诣所陶醉，也为他们的人格魅力所感染，更为很多教授的无私分享深深地感动。

北大正因为有了这些宝贵的讲座，才让学术薪火代代相传，才日益凸显出北大的核心竞争力。身处这样的校园，我甘愿在学术的世界里一直聆听下去。

执勤中的甘相伟

## 最殊胜的灵魂生活

在北大人的精神血脉里，一直有一种温暖的东西被传承了下来，它跟功利无关，跟金钱无关。

每个北大人读书做学问都会自觉地承担起这样一种使命，那就是要推动人类文明的进步，推动中国的进步。

周国平说，任何一种真实的活法必定包含两个要素，一是健康的生命本能，二是严肃的精神追求。生命本能受到压制而萎靡不振，是因为活得不真实。精神上没有严肃的追求，随波逐流，也是活得不真实。这两个方面又是互相依存的，生命本能若无精神的目标是盲目的，精神追求若无本能的发动是空洞的。

在北大，想要活得真实，就得有精神的目标，就得有严肃的精神追求，一旦选择这种活法，你就是自由的、愉悦的，你的生命就是活泼的、跳跃的。

北大人向来重精神，我想北大及北大人能够成功就在这一点上。

钱理群教授说过，在生存、温饱基本解决，即达到衣食无忧以后，人在精神与物质上应有什么追求就是一个大问题。

北大历史上的很多学者、教授，他们显然更注重精神对人的生命的意义，他们追求的是“简单的物质生活与丰裕的精神生活”。因此，就能如孔夫子所说：“不义而富且贵，于我如浮云。”他们不追求外在于自我生命的东西，那都是身外之物，是应该而且可以淡然看待的。

老校长蔡元培和胡适在这方面做得更卓越，著名哲学家冯友兰先生的弟子钱耕森教授曾专门写了一篇文章谈他们的租房故事。他们曾长期居无定所，屡次搬家，虽身为名教授并兼要职，生活依然清苦，但他们不误立身行道，无暇计较个人得失。

蔡元培晚年定居上海期间，先后租房五次，几乎是过一年多就得搬一次家，总是寄人篱下。

在这种情况下，蔡先生的好朋友和好学生蒋梦麟、胡适、王星拱、丁燮林、赵畸、罗家伦，于蔡先生七十岁前夕的1935年9月7日，特地集体联名写信给蔡先生：

子民先生：

我们都是平日最敬爱先生的人，知道明年一月十四日（误，实际上是十一日）是先生七十岁的寿辰，我们都想准备一点贺礼，略表我们敬爱的微意。我们觉得我们要送一件礼物给一位师友，必须选他所最缺少的东西。我们知道先生为国家，为学术，劳瘁了一生，至今还没有一所房屋，所以不但全家租人家的房子住，就是书籍，也还分散在北平、南京、上海、杭州各地，没有一个归拢庋藏的地方。因此我们商定这回献给先生的寿礼，是先生此时最缺少的一所可以住家藏书的房屋——各地的响应，已超过了我们当初的期望。

现在我们很恭敬地把一点微薄的礼物献给先生，诚恳盼望先生接受我们这一点诚意！我们希望先生把这所大家献奉的房屋，用作颐养、著作的地方，同时看作社会的一座公共纪念坊，因为这是几百个公民用来纪念他们最敬爱的一个公民的。我们还希望先生的子孙和我们的子孙，都知道社会对于一位终身尽忠于国家和文化而不及其私的公民，是不会忘记的。

我们很诚心地祝先生的健康和先生一家的健康！

蒋梦麟　胡适　王星拱

丁燮林　赵畸　罗家伦

这些北大元老处劣境而不觉，说明他们立身处世、所追求和所持守的是多奉献，少索取；重精神，轻物质；约己严，待人宽；要富而仁，不要富而不仁。

他们的人生态度是求实的，他们的人生理想是远大的，他们的人生境界是高尚的。这就从根本上决定了他们对购房和租房的取舍了。

我们从蔡元培和胡适两位老北大人对待住房的态度，可以感受到他们崇高的人格和精神，值得我们后人钦佩与效法。

眼下的社会，我们的生活丰富多彩，诱惑无处不在，稍不留神就会迷失其中。

现在很多人家的空间被更多的物质占领,心灵的空间越来越窄，他们的焦虑感也越来越强，每天匆匆忙忙地赶路，但总与幸福擦肩而过。

如果我们再去看看五四运动前后那批北大人，他们的一言一行都震撼人心，他们相比今人更关注心灵世界的成长，甚至与世俗社会格格不入，但是他们不是失败者，因为时代的最强音大多都是从这里发出来的。

有句话说得非常好，一切奢侈品都给精神活动带来不便，人生最美好的享受都依赖于心灵能力，是钱买不来的。在北大，你可以从相反的方面去体会,一切精神活动都给北大人巨大的利益和方便。

实际上，真正的快乐对于物质的依赖十分有限，英国功利主义者全都主张快乐更多地依赖于精神而非物质。

所以，我坚信在北大夜以继日地泡图书馆、疯狂地阅读、如饥似渴地听课听讲座、随时随地交流讨论，都是北大最美的精神风景，都是北大最殊胜的灵魂生活。

一个真正经历过北大生活的北大学子，无论走到哪里都将是成功和幸福的。

# 北大的段子

北大很大，也很老。所以它流传下来的段子自然就多。

这几年我在北大也听过不少，其中一些非常精妙。

或许你会问，北大人还会这样吗？是啊，北大人就是会这样。

总的来说，燕园段子体现了北大师生的热情、憧憬、希望、爱情、学业、乐趣、才智、烦闷、空虚、沮丧、悲凉、愤怒、嫉妒……各个方面和各种情绪，它们看上去五光十色、芜杂无序，但也幽默有趣、意味深长。

北大师长或校友津津乐道的一些经典北大旧事，诸如在王瑶先生的烟斗熏陶中增长学问，在未名湖畔追随宗白华先生进行“美学散步”，在大礼堂前将时任副校长的文化泰斗季羡林先生当作校工、让其帮忙看管行李……

这些画面早已不可见，只能从口耳相传的各类轶闻中怀想当年。

比如，一代国学大师刘文典，学贯中西，思想学问博大精深，是当之无愧的学术大师。他 1916 年到北大任教，恃才自傲，狷介无比，每日烟不离口，常口衔一支，与人讲话时烟依然放在唇边。先生性情幽默滑稽，善谈笑，只是口不择言，常常触怒对方。他说中国懂得庄子的共有一个半人，一个是庄子本人，另外半个就是他。

他当时看不起搞新文学的沈从文，把蒋介石也不放在眼里。一次他见到蒋介石，毫无顾忌地直呼其名，顿时惹怒了蒋介石。为此，蒋找人传话斥责他，他仍不改口，蒋介石为此下令逮捕了他，但他毫不在乎，后经北大蔡元培等人出面说情，才恢复自由身。

北大还流传着陈独秀激出个书法家的段子。据说，任教于北大时的沈尹默先生诗好，更擅长书法，北大一院、二院、三院门前都挂着长牌，上面的字都出自沈尹默之手。

但起先沈先生的字写得并不好。

据说，第一次去沈先生家拜访的陈独秀进门便大声说道：“我叫陈独秀，昨天我看到了你写的诗，诗作得很好，字其俗入骨。”

话虽刺耳，说的却是事实，于是，沈先生接受批评，每日从基本功做起，坚持苦练下去，最终成就了自己。

北大历史上最怪的教授可能要数辜鸿铭了，他有“北大第一怪人”之称。周作人先生曾有这样一段文字描述他：“北大顶古怪的人物，恐怕众口一词的要推辜鸿铭了吧。他是福建闽南人，大概先代是华侨吧，他的母亲是西洋人，他生得一副深眼睛高鼻子的洋人相貌，头上一撮黄头发，却编了一条小辫子，冬天穿枣红宁绸的长袖方马褂，上戴瓜皮小帽；不要说在民国十年前后的北京，就是在前清时代，马路上遇见这样一位小城市里华装教士似的人物，大家也不免要睁大了眼睛看得出神的吧。”

辜鸿铭不仅着装怪异，说话也怪：一是骂人，他性格孤僻，愤世嫉俗，看不惯之事张口敢骂，而且善骂；二是诡辩，他说话幽默，又喜欢胡搅蛮缠。

而他上课的时候，更是与众不同。他每次上课都带一个童仆为他装烟倒茶，他就坐在靠椅上，慢吞吞地讲课，一会儿吸水烟，一会儿喝茶，好像很享受的样子，学生们则着急地等着他。结果情况很惨，一学期他只教了学生六首英文诗。

在北大历史上，这样的段子随地散落，举不胜举。新时期，北大的段子也层出不穷，最有名的当属孔庆东师徒俩。

有一次，北大教授严家炎到徒弟孔庆东书房参观，发现满坑满谷都是金庸的书，便叹曰：“到了孔庆东的书房，才知道通俗文学为什么这样畅销。”

过了一星期，孔庆东回拜严家炎老师，严教授也请他参观自己的藏书，孔庆东看后大叹说：“到了‘严加严’老师的书房，才知道严肃的学术著作为什么这样难买，原来都给您藏起来了！”

此外，关于北京大学前校长许智宏的笑谈也很有名：当网上疯传低分生俞敏洪创办“新东方”，高才生遁入空门、卖猪肉者前仆后继……

许智宏笑称：“北大毕业也可以卖猪肉。不过我的学生就是卖肉也是北大水平——只赚不赔！”

凡是在北大待过的人，都会对各个时期各个版本的北大段子感兴趣，实际上，北大人这么喜爱北大段子，也因为它在不声不响地滋养着北大人的心灵，很多人能够从中获益。

北大是个多故事的地方，也是传统深厚的精神高地。

我喜爱听北大段子，我喜爱有段子的北大，因为这样的北大很精神，很可爱。

北大每年都会举办丰富多彩的春季运动会

# 北大“中心”三角地

北大燕园是个热闹的地方。

北大的一个学子说过这样一句话：或许北大既不是中国最大的大学，也未必是最美的，却是我最熟悉和最热爱的地方。

比如，最让北大人留恋的精神地带，除了未名湖，必是三角地了。

三角地，其实面积不大，不到十平方米，因形状似三角形而得名。它与北大百年讲堂仅一路之隔。

在历史上，它作为北大“民间信息发布中心”，曾是北大师生发表见解、表达观点的民主阵地。

尤其20世纪80年代，三角地就是北大的代名词。它是一个思想圣地，是北大精神的缩影，是蔡元培“自由民主，兼容并包”的象征。

20世纪90年代后的信息栏上，贴满了租房、讲座、求职的信息，北大学生在三角地查看信息已经成为北大的一个特色。

遗憾的是，2007年11月，存在了几十年的北大三角地信息栏被拆除，那时我刚到燕园两个月，听说拆除的消息，我也深感遗憾。

校方称信息栏商业信息过多，此举为环境整治的需要。

在北大它是一个信息集散地，各个协会的海报在这粘贴，当然也避免不了一些住房之类的广告，但不可否认，它是燕园文化的一个组成部分，现在三角地已成了校园中心的代名词。

我听说拆除三角地的消息传到钱理群教授那儿的时候，六十八岁的钱老显得有些激动，猛地从沙发上站起来，说道：“那以后所有消息都得先通过学校审批了？”

未及回答，钱老重又靠回原位，默默道：“那就不再是‘三角地’了。”

可见，这样一块小小的区域，已经成为如钱老等一批北大人的精神记忆。

现执教于中央美术学院人文学院的著名诗人西川1981年考入北大时，发现周围的同学“只要是字，都会凑过去看”。

当年的北大，每幢宿舍楼有一个电视机房，报刊杂志很少，地处学生上下学必经之路的“三角地”，理所当然成为校园生活不可取代的一部分。

每次路过“三角地”，这位校园诗人总会把破单车 架，凑近布告牌，搜索最新人文讲座、社团信息与学术争鸣。从大饭厅打完饭的学生，许多端着饭盆径直走到布告牌前，边看边吃。也正是在这个时候，“三角地”开始进一步确立它的价值，渐渐成为北大精神的象征。

关于三角地，让西川至今印象深刻的还有一件趣事，20 世纪 80 年代中期，“三角地”上演了中国首场行为艺术。

据说一天中午，几个年轻人从长梯子爬上“三角地”旁的学三食堂，在一块木板后，开始往下面扔衣服。他与驻足的学生都看呆了，衣服扔完后，几人往外走，女生都低下了头，只有男生看见他们都穿着泳裤。

随即，这几个前卫的文艺青年“晕菜”了，食堂的师傅不知什么原因，已把长梯子搬走了。

2007 年的时候，这里还曾发生过一段浪漫的故事。

当时一位刚刚研究生毕业的女孩，偶遇一名被单位保送到北大读研的男生，并一见钟情喜欢上了对方。

故事没有继续发展下去，这个女孩单恋这名男生已有九年。那天，已是吉林大学教师的女孩再次来到北大三角地，贴出征婚启事，也了却自己的一桩心愿。

可想而知，如果三角地没拆，也许这里可以引发我们更多的话题。

关于三角地这块精神地带的拆除问题，各方意见褒贬不一，似乎大多数人是惋惜、遗憾的，我本人也持这种意见。三角地是一段不可抹去的历史，它承载着北大人的精神信仰。

如今北大三角地依然热闹，依然被人关注和提起，这里每天依然人流穿梭，各种宣传条幅和活动展板摆满两侧。每到学期初，这里还是各种学生社团的宣传活动“阵地”。

在这块精神地带，北大人将演绎出更多美丽动人的故事。

Chapter 07

# 保安队里的牛人们

# ▶ 引 言

我们副队长是保安队里获得学历证书最多的人，是名副其实的“学历哥”。正是由于众多普通人的不断努力进取，中国才迎来了一个草根阶层崛起的时代。在北大学文化和站岗，真是一件幸福的事儿。

# 个个都是一本励志书

我来到北大当保安之前已经听说北大的保安很厉害，很多人不仅都有大学学历，可以用英语直接跟外国人对话，而且还跟北大学生一起交流观点，跟北大教授探讨学术话题，甚至站在北大讲坛上大讲《论语》……

这些听闻给我的感觉就是，这哪里是一般所谓的看大门的保安，这简直就是一群知识分子扎堆的地方。

所以外界对此充满好奇，我当年也是怀着崇敬和仰慕之情来北大当保安的，所幸能近距离地接触这群北大保安员。

我真正进入北大保安大队之后，才真切地感受到，这里的牛人和牛人故事真的数不胜数，个个都是一本励志书。

曾经一位英文名叫 Dream 的普通保安，竟然成功转型成为 IT 精英，并惊动腾讯创始人马化腾，后成为腾讯研究院的外聘员工，负责数据整理等基础工作，并已蹿红互联网，成为“2012 最励志保安”。

这位年轻的保安名叫段小磊，今年只有二十四岁，毕业于洛阳师范学院，拥有计算机和工商管理的双学位。

他带着 IT 职业经理人的梦想来到北京，但理想的工作并不容易找到，几经碰壁后，他决定从事上手很快的保安工作，以便尽快自食其力。

2011 年 8 月 24 日，他成为腾讯的一名保安。

很快，小段便成了公司里的“名人”。大家发现这个特别的保安不仅熟悉楼层里所有人的名字，每天早上还会告诉每个人他是第几个到公司的，并做一些善意的生活提醒。

员工们都把小段当朋友，有时发现他在看计算机方面的书，还会为其解答专业问题。

2012 年 2 月，真正的机会到来了。在这一层工作的研究院的一名负责人 Hidi 急需一批外聘员工。

几天后小段来“应战”了。

层层面试层层考验，小段凭着平日里业余时间积累的经验顺利过关。负责人对小段的评价是：“他一直是一个非常努力、非常有理想的人，也很好学，这个机会完全是他自己争取来的。”

段小磊的故事给我的启发是，大学生就业难已成为一个社会问题，与其排队挤车向高手如云的热门行业进军，还不如考虑自己的专业和特长，搭车到保安这一正处于上升阶段的服务行业，用自己的聪明和才干闯出一番事业来，这样在无形之中便拓宽了大学生的就业渠道。

其实，近几年高校保安自学现象对很多人来说已不陌生。欧美同学会副会长、北京大学光华管理学院客座教授王辉耀先生，在他的著作《开放你的人生》这本书里就曾引用过北大保安“自学成才”的先进事迹，正是由于众多普通人的不断努力进取，中国才迎来了一个草根阶层崛起的时代。

北大保安大队有个一以贯之的管理理念，那就是：“在高校，不爱学习的保安队伍是一支愚蠢的队伍。”

据统计，1994 年到 2012 年十八年间北京大学保安大队，有三百余名保安取得大专、本科文凭，有的保安甚至考上名校研究生。

此外，清华大学多名保安同样成绩颇佳。2011 年，一名保安通过自学被山东师范大学录取。还有多名保安已报考大学或正在高校深造。

现在，“到北京当保安，圆你大学梦”也成了清华保安队在外省市招聘保安的广告语。《北京青年报》甚至不无夸张地评价说，以前，从北大、清华毕业的成功人士，接受记者采访时往往说：“是北大、清华培养了我。”如今，一些曾经在北大、清华当过保安的人，也会自豪地说：“是北大、清华培养了我。”

实际上，北大确实为社会培养了很多有远大理想的青年，他们一边为北大站岗，一边在这里学习文化知识。

据说，中关村的老板中也有曾在北大做过保安的，这里面不乏事业有成者，也有很多青年人在这里工作一段时间学到了自己想要的知识、开阔了眼界后，就回到自己的家乡去开辟人生的另一番天地。

我来北大的时候已经是 2007 年，很多发生在保安大队里的故事是我们的队长王桂明讲给我听的，有的故事就发生在我们的身边，这些故事对后来者产生了巨大的影响，时时激励着我们的斗志。

一句话概括就是：在北大当保安，知识改变命运。

比如，2007 年我刚来北大那会儿，就不断看到媒体来我们保安大队采访，在中央电视台和北京电视台播放的节目中，我也经常能看到关于北大保安自学成才事迹的报道。

我们保安大队最有名气的人之一就是我们的大队长王桂明，2011 年他荣获“全国五一劳动奖章”。当年，他还在军队服役期间，就曾是北大军训教官。

从 1986 年到 1988 年，王队长连续三年和北大学生打交道，1989 年经领导介绍推荐到北大做保安直到今天。用他自己的话说“就是和北大有缘”。

现任我们保安大队副大队长的张国强，已经拿到清华和中央党校两个本科学位并取得律师执业资格证。他是我学习的榜样，也是对我激励最大的人之一。

我们的副大队长走在北大校园里，经常会被学生认出来：“你不就是学历证书最多的那个保安嘛！”

还有也是来自农村贫苦人家的张俊成，他辍学后来北大当保安，业余时间刻苦学习，当年参加成人高考便被北大法律系录取，1998年顺利地拿到了北大专科毕业证书，成为一所学校的教师，如今又成了某中专学校常务副校长。

我们保安大队之所以能走出这么多牛人，主要依托于北京大学一百一十多年的人文积淀，北大形成了“荣誉、责任、规范、感恩”的理念和“校安我荣，校损我耻，我爱北大，甘于奉献”的高校文化。

目前已有越来越多的社会有志青年慕名来北大当保安。

这一切都应了那句话：追求梦想的人生，没有高下之分。

# 学习真是一件幸福的事

“在北大当保安，学习是第二职业。”

这是我们的队长王桂明每年给保安队新人讲第一课时常说的一句话。

队长无论在什么时候对任何人都会强调北大保安队的这一学习特色。

来自河南的小孟，刚刚走上北大保安岗位时，和当年的我一样，同在西校门值守。

与大家稍有不同的是，他今年刚刚本科毕业，听说北大保安队允许保安一边工作一边学习，他打算一边当保安一边报考北大历史系研究生。

其实，在我们保安大队，保安学好文化和站好岗之间一点儿矛盾都没有。

在做好本职工作的前提下，我们保安员不仅不用担心学习问题，还能享受到我们大队所创造的学习条件，为慕名来考研的保安提供便利的条件，让每一名保安都能有所追求、有所成就，在未名湖畔追求诗意的人生，活出人生的境界。

可以说，这已成为我们保安大队的“大队文化”了。

在这方面，我可以详细说一下我们副大队长张国强的学习故事。他一直觉得：学习还真是一件幸福的事。

有一天记者采访我们副大队长，因为是我们保安大队里获得学历和证书最多的一个人，是我们队里名副其实的“学历哥”。

他先后获得的证书有：北京大学法律自考专科毕业证、清华大学法学本科毕业证、中央党校经济管理本科毕业证、律师执业资格证、企业法律顾问资格证。

如果别人夸他“证”多，他就会连忙否认：“我学习可不是为了考证，我就是为了提高自己。”

我们的副大队长还有一个观点是，当保安也要学知识，而且要多学知识，这样才能更好地站好岗，更好地为大家服务。

要知道，我们的副大队长刚来北大当保安时只有初中学历呢！

1994 年 4 月 24 日，第一次来北大的他觉得这里就像一个公园，风景很好看。

第一次在西校门站岗，看到来来往往的游人，他感觉很自豪。可是没几天，他便被分到北大的留学生公寓勺园值班。

在这里，他更开了眼，第一次见到了外国人，“觉得很神奇”。不过，当时他心里的算盘是，当两三年保安后就找机会做生意赚钱，没想着要在这里长干下去。

后来，随着保安工作越做越长，他发现自己已经喜欢上这个地方了。刚来勺园值班时，自己乡音重，说不好普通话，有留学生用英语问路，他一点儿都听不懂。但老师和同学们对他都很友好，也很照顾。

当他偶然得知北大的毕业生刚开始工作时，每个月起薪最少是一千元，而自己在工地上干活时拼死拼活一个月才赚一百元，就开始羡慕这里的学生，每天早上六点出操跑步时，他总是忍不住多瞅几眼在未名湖畔背单词的同龄人。

2006 年的一个晚上，到了下自习的时间，他看到数不清的学生从教学楼和图书馆里热闹地拥出，那一刻，他突然觉得“学习是这么美好的事情”，自己不能再这么稀里糊涂地活下去了。

受到北大学习氛围的感染，他开始动了学习的念头，而且越来越强烈。但只有初中文化的他，不知道从何下手。

他听说队里有人参加自学考试，他也想参加，为了不被人笑话，他偷偷地报了一个函授班，没想到考试居然过了。接着他就动了自学考北大法学的念头。

从这以后，我们的副大队长开始拼命地学习，只要没有值班任务，他就抱着书本去“啃”，而且规定自己每天的学习时间不少于四个小时，就连春节回家过年坐车他都在看书。学习虽然很艰难，但他一想到自己在水泥厂打工扛麻袋的艰辛，就咬牙挺了下来。

有一次，副大队长在路灯下看书被一个老教授看到了，老教授当场肯定并鼓励他好好加油，几句激励的话让他力量倍增。

张副大队长在埋头学习的同时，保卫工作做得也很出色。2008年，他考过了最后一门课程——大学语文，自此，他完成了自考的所有科目，顺利拿到了大专文凭。

这下，张副大队长的学习自信心彻底树立起来了。接着好事情也发生了，他被晋升为北大保安队的中队长，不过，他并不满足，他觉得自己应该更进步一些，于是决定参加成人高考——考本科。

出人意料的是，他同时报考了中央党校的经济管理专业和清华大学的法学专升本，结果两个都考上了，而他也凭着超强的毅力把两个本科学位都拿下来了。

随后，他又用了三年时间通过了高手如云、竞争激烈的司法考试，接着又拿到了企业法律顾问资格证。

张副大队长的事迹成了媒体争相报道的焦点，感染和激励了更多的追梦人，我就是其中之一。

张副大队长说，虽然学习让他拥有了这些，可他很不喜欢别人说他只知道学习，在他看来，工作才是第一位的，学好文化是为站好岗服务，两者之间没有矛盾。

张副大队长在北大做保安多年，从一个初中生成为一个大名鼎鼎的“学历哥”，从一个保安小兵一路升为北大保安队中队长、副大队长，按他自己的话说：“倒不是说我做了多么惊天动地的事，我是踏踏实实地干出来的。”

不只我们，别人也问过他一个问题：“你现在学历高了，为啥还当保安，怎么不做点儿更有价值的工作？”

他斩钉截铁地回答道：“学习是为了更好地工作和实现人生价值，社会越进步，人对安全的需求就越大，这个行业有发展，我要用我的学识在这个行业里好好发展。而且，北大的老师和学生，哪个不是国家的人才，保护好他们，怎么能说没有价值呢？”

的确如此，我认同我们副大队长的看法，如今，只有更多更好地学习才会让人觉得你合格，只有不满足于自己的学识水平和思想境界才能更有尊严地做北大保安。

其实，仔细想想，无论你在哪个行业，拥有知识并将学到的知识灵活运用于生活和工作中，才能明白做事与做人的道理，也更有能力过上幸福如意的生活。

最后，还是套用张国强副大队长的话：“在北大学文化和站岗，真是一件幸福的事儿。”

## 蹭课的“赌徒”在行动

我始终坚信这样一个观点：一个人无论身份有多普通、物质生活有多贫乏，一定不能放弃读书学习。

清代学者金缨在《格言联璧》里说：“古往今来许多世家，无非积德；天地间第一人品，还是读书。”对于我们保安来说，读书更切合实际，知识改变命运的故事每天都在北大轮番上演着。

在农村，我发现有这样一个怪现象：那些从小不喜欢读书的青少年，不知从什么时候开始头脑里就有一个错误的认知，他们认为读书是痛苦和艰难的，所以从一开始就心存畏惧，结果只得辍学去打工。

可惜我们很多人都不明白，世上许多事只要肯动手做，它并不难。

万事开头难，难就难在人的懒惰心上，因为怕麻烦而不去开这个头，开了头又不能坚持下去，久而久之，便真觉得做任何事情都太难了，自己太无能了。

于是，从懒惰和畏惧开始，以怯懦和失败告终，终于变成了弱者，再想出人头地就会难上加难。

我上专科期间，就把读书改变命运作为自己的人生信条。进入北大后，我的生命能量被彻底释放了，感觉自己就像一只小鱼儿游荡在大海里一样，无时不是学习的机会，无处不是学问的道场。除了工作时间，我拼命地读书、听课、写作，不让一天闲过，不让一日虚度。

现在，读书学习已经成了我生命的一部分，我把它看成是生命成长的原动力。

我的保安员兄弟都很清楚，要想出人头地，就要学习。

在北大，有许多因学习而改变命运的鲜活案例。

比如，我身边的一些保安兄弟，他们刻苦自学的精神就对我影响很大，其中一位叫韩非。他经常穿着一件褪色的北大文化衫，一条浅蓝色的牛仔裤，肩上搭着一条旧毛巾，每次只要一完成校园巡逻任务，马上就换上这身衣服匆匆往教室跑。

熟悉他的人都知道，这家伙又要去蹭课了。他自称为“赌徒”，自信走出校门能找到一份更赚钱的工作，但他愿意拿这份“虚拟的收入”做赌注，图的是北大的学习环境和资源，为的是实现自己的大学梦。

2002 年，他如愿考上了北京某重点大学美术学院，但仅仅读了一年就放弃了学业，因为他弟弟成了当地理科高考状元，两个孩子的学费难住了这个并不富裕的家庭。为了让弟弟读大学，他选择放弃学业。

2004 年冬天，他来到北京找工作，碰壁多次后，他到北大保安大队面试，他的一句“学生都是同龄人，我只是想留在学校学点儿东西”打动了当时北大保安大队的一位负责人，他从此成为一名北大保安。

来北大前，他曾住过八人间的床铺，即便在窄窄的木床板上，他还留一半放书，一半用来睡觉，晚上翻一个身都可能掉下去。

为了不影响别人，他给自己的床铺拉上帘子，安上台灯，想看书伸手就拿得到，啥时候看书看得困了就啥时候睡觉。两年坚持下来，他读了很多书，而且在再窄的凳子上躺下去都能睡着。

在北大保安大队，他的书很多，床上放不下的就装衣柜里，衣柜里也装不完，他便想了个奇法：腾空床板，把书都平铺在床板上，然后再把床单和被子盖上。

白天掀被子看书，晚上盖被子睡觉，虽然不是很舒服，但他觉得躺在“书床”上特别踏实。

我们保安大队管住不管吃，即便如此，他的日常花销还是很小。

在北大这几年他几乎没有买过衣服，除了工作服都是别人送的旧衣服。他的工资基本上都用来买书，包括外语类、历史学、教育学、心理学……唯独没有励志书，他说自己就是一本励志书。

他从 2004 年开始准备考研，没钱没时间上辅导班，他就自己研究考试大纲，定期做试卷，不懂的问题找机会问北大学生。和同学混熟了，一些讲座课程、考试信息之类的大家也都乐意告诉他。

2008 年起他开始学英语，接着又开始学日语和法语。开始时靠自学，他觉得进步慢，报学习班又缺钱，于是他又想出“狠”招，候在餐厅里“抓”老外来练。

一年多下来，他能应付简单的外语日常对话了。

这些年，他除了工作就是考研、练外语、参加学校的各种文体活动、做志愿者。有时我们在一块儿交流，他总会鼓励我抓紧时间学习，千万不要放弃自己的梦想。

韩非刻苦学习的故事，对我们保安大队的同事们产生深刻的影响，因为它就发生在我们身边。我们每一个人都有自己的梦想，都想出人头地，为了梦想即使在艰苦的环境下，我们也乐在其中。

在通过学习实现梦想、改造命运的路上，我们每天都会遇到很多坎坷，就看谁能坚持到最后。

我带着羞涩，第一次走上北大讲台，
进行演讲

## 我和名记者有个约定

当北京大学保安大队十八年间走出三百多名大学生的新闻被媒体报道后，北大保安大队不仅迅速蹿红网络，还引来大批媒体竞相采访。

2011 年 9 月 25 日上午十点左右，我们保安大队所在的四十四楼突然来了八名记者，他们分别来自《人民日报》《光明日报》《中国教育报》等媒体。

我们的领导可能被记者同志的热情感染了，一共选了包括我在内的十二位保安作为代表在会议室与记者朋友们见面。

坦白地说，在保安大队这四年多时间里，我是第一次看见有这么多记者同时来采访我们。

这种感觉就像在召开新闻发布会似的。

在我的印象里，以前也有个别媒体的一两个记者来过，但这次就像集体“轰炸”。

我当时觉得北大保安把自己的事“闹大了”。

采访会上，王桂明队长首先对我们北大保安大队的学习情况作了一个总体介绍，其中包括学校领导如何支持保安学习，如何为我们营造良好的工作学习环境，并如何对好学上进的保安进行各种奖励等。

我记得当时王队长还引用了他当年在部队的一句话，“不爱学习的队伍是一支愚蠢的队伍”。

他还谈到，北京大学是一个知识分子扎堆的地方，为北大服务就需要高素质的保安队伍，一流的大学需要一流的服务，一流的服务需要一流的保安，能够为北大服务是我们的光荣与责任。

他说他已经在北大工作二十多年，并矢志一生追求下去。

接着，我们每个人分别做了自我介绍。

我是第五位发言的，当时我是这么介绍自己的。

我说：“各位媒体朋友，大家好！我叫甘相伟，现在就读于北大中文系，非常感谢你们的关注和支持。”二十分钟以后，我的同事们也都介绍完毕。

我们站成一排，一一介绍完自己后，就等着各路记者进行单独采访。

这时，一位活泼可爱的女记者向我走来。

她面带笑容，热情地说道："甘相伟你好，我想和你单独聊聊。"

看队长的意思，今天我们的任务就是接受采访，于是我回答道："嗯，可以啊。"同时我也注意到，其他各路记者也都已经选定了自己的采访对象。

也许是因为人声嘈杂，这位女记者建议说："我们在北大找个安静的地方吧。"

通过交谈，我得知这位年轻的女记者叫魏薇，就职于《人民日报》，也是北大的校友。

我想，魏记者决定单独采访我，可能是我的北大中文系背景吸引了她。随即她建议我们到北大师生缘咖啡厅坐坐。

刚走到咖啡厅门口，我犹豫了一下说："里面人多，我有点儿不好意思。"

我知道我当时有点儿害羞，还是不太习惯这样的单独采访。

她笑呵呵地说道："没关系的，我们随便聊聊，我问你答就可以了。"

她很阳光，也很随和。我受到鼓舞，说："那好吧。"

咖啡厅是北大师生常常光顾的地方，里面相对比较清静，我一开始有些紧张，总是放不开。

魏记者经验丰富，为人随和友善，没几句话，便打开了我的话匣子。

我们那天聊了很多，我从小时候的生活经历聊起，包括我何时萌发北大梦，什么时候喜欢上写作，大学里都是怎么度过的，给自己的人生做了哪些规划，是什么支撑我一直走到今天，又是如何考上北大中文系的。

我还谈了这几年在北大的收获和感受。我们就北大精神、社会热点、公益事业等发表各自的观点和看法，越谈越投机，越谈越亲切。

特别是聊到文学写作，我们的情绪都显得有些激动。

她问我："你在写作方面有什么成果吗？"

我说："我刚写完一本十万字的个人文集。"

她说："真好，那你拿给我看一下啊，我在这等你。"

我觉得我像遇到了知音，于是兴高采烈地跑回我上班的地方，从北大档案馆里取来了那本文集，然后一路小跑回来，气喘吁吁地坐下。

魏记者见我如此迅速，说道："真快，辛苦你了，快喝口茶吧。"然后接过我的文集，认真地看了起来。

我第一次向人分享了这么多东西，觉得非常舒畅，我的很多想法她都理解，我的很多梦想她都支持。

在交谈中，我发现魏记者的情感很细腻，眼光很敏锐，对很多问题都有自己独到的见解，这让我大开眼界。

有意思的是，我们还在一起探讨了大人物与小人物的关系，我们的观点是，其实任何社会都是中间大，两头小，杰出人物是少数，智商低下的也是少数，大多数人都处于中间状态，即"普通人"。

固然我们这个社会需要精英，国家也呼唤精英，以引领社会向前发展，但更需要千千万万的普通劳动者，需要他们在自己平凡的岗位上，兢兢业业地工作，实现人生的价值。

我虽然通过上学改变了自己的生活状态，有幸来到北大工作和学习，但我一直是一个普通人，我也甘愿在现实中践行“小人物大奋斗”的精神。

令我意外的是，当《人民日报》记者魏薇的那篇报道《从保安到北大学子》刊登出来后，被很多网站转载，引起很多人的关注。

我的故事还作为2012年全国高考作文十大素材之一。

在北大校友网上，我被收在“北大之星”一栏里；在中国教育新闻网上，我的名字竟然和诺贝尔奖获得者杨振宁等著名教授放在一起，我感到很惊讶。

也许在网络时代，每个普通人都有可供挖掘和宣传的一面，只是我比较幸运而已。

我通过与记者朋友们的接触，也更加真实地认识了自己，更加清晰地了解了自己的性格、爱好和特长等。

魏记者了解到我对文学的痴迷和对写作的执着后，非常支持我往这方面发展。

于是，我们之间做了一个约定：她期待我在十年后能够在我所喜爱的文学领域写出有价值的文章，我承诺我一定可以做到。

我知道，其实这是她对我的鼓励与鞭策。

在当今社会，浮躁的人越来越多，已经没有多少人甘于为自己的梦想坐冷板凳、忍受寂寞了。

而我们认为，社会愈是这样，我们的坚持才愈有价值。

在这之后，她经常发短信鼓励我好好学习、用心写作。

当她得知周校长为我的新书作序时，她发来短信说：“相伟，你很幸运，但你的幸运又确实和你的努力是分不开的，在这方面，我们都要看淡名利，做真正的自己，写出真正有价值的文章，继续加油！”

这是我们彼此达成的共识。

她说她很欣赏我的“小人物也要有精英意识”的理念，她期待我越走越好，祝福我能够创造属于自己的小人物传奇。

每当我在《人民日报》上看到她采写的人物报道时，总有一股感人的力量，有时，我也会发短信向她表示祝贺，期待她有更多更好的文字见报。

我也会想到我们之间的那个约定，因为这个约定，我的内心充满感动和奋进的力量。

作为一名北大保安，我看重自己的平民身份，也可以说我是在为草根阶层代言，为他们探寻一种新的人生发展和成功模式。

Chapter 08

# 入宝山切莫空手归

# 引 言

进入北大才是真正学习的开始，才明白什么叫“天高任鸟飞，海阔凭鱼跃”。这里空间很大，活动很多，事情很多，一切都得靠自己选择和规划，最终成就自己。

# 三流大学的一等生

我曾注意到这样一条新闻：

2010 年 1 月 19 日，日本一家航空公司突然向外宣布申请破产保护，这家公司在日本已有六十年历史，是日本乃至整个亚洲规模最大的航空公司，曾被视为日本战后经济繁荣的象征。

这一震惊世人的消息立即得到日本政府的证实，原来，这家日本最大的航空公司已经濒临倒闭，当时已经负债约合人民币 1764.4 亿元，它的净资产甚至抵不上一架全新的波音 787 客机。

更让人惊讶的是，在过去的十年里，日本政府曾经三次救助该公司，但没起到任何效果，于是日本政府决定让这家航空公司破产重组。

在这家航空公司性命攸关的当口，2010 年 1 月 13 日，日本首相鸠山由纪夫亲自出面诚恳邀请一个处于半隐退状态十三年且没有一点儿航空业管理经验的七十八岁老人出任这家航空公司的董事长兼首席执行官。

答应出山帮助这家航空公司渡过难关并让它获得重生机会的老人就是大名鼎鼎的日本实业家稻盛和夫。这家航空公司就是日本航空公司。

稻盛和夫是谁？他曾是京瓷与 KDDI 两家世界 500 强企业的创始人，是与松下幸之助、本田宗一郎、盛田昭夫并称为“日本经营四圣”的日本企业家，也是四圣中唯一健在的企业家。

不为人所知的是，稻盛和夫上学时学习成绩非常一般，小学毕业时考了两次都没能考上当地的名校鹿儿岛一中，高考时瞄准著名的大阪大学，但最终名落孙山。

无奈之下他就近上了当时属于三流学校的鹿儿岛大学，就读的也不是他所钟爱的药物学专业，而是应用化学专业。

即便如此，稻盛和夫却用他一生的努力践行了自己的人生哲学，成功实现由一个三流学校毕业生到世界一流企业家和哲学家的巨大转变。

稻盛和夫的人生哲学值得我们每一个青年人学习借鉴，尤其是处于今天这个大变革的社会，我们周围的环境、人际关系都在发生着剧烈的变化，这其中也包括我们所受的教育。

所以，当我看到个别高中生因为只考上二流或三流大学就放弃努力、空虚度日的时候，我感到非常心痛和惋惜。

稻盛和夫是我所敬佩的企业家之一，他在写给全世界青少年的《你的梦想一定能实现》一书里，有这样的话：“我们，生不逢时，三流大学毕业生……”这个三流大学毕业生，却实现了超一流的人生大业。

我们与众多兄弟姐妹一样，挤过那条被世人追逐的高考独木桥。但我们有点儿不幸，这座独木桥好不容易挤过来了，我们却进入另外一个被人频频提及的圈套。

是我们真的很差劲吗？成功就不属于我们吗？高收入会远离我们吗？我们甘愿成为啃老族吗？

城市里到处都是我们的身影，但我们不再被叫作青年学子，而被叫作“蚁族”，意思是我们就像蚂蚁一样居无定所，还喜欢群居生活。

说实话，我们都不愿意，我们也一直在追寻成功。

我们今天以及任何时候，都可以高声地对这个世界说：“我们也是有梦想的。”

是的，我相信我这个普通专科学校的毕业生，曾经的遭遇和很多人一样，也曾面临人生选择的困惑，也曾在找工作的时候被人拒绝过。走投无路之际，我黯然伤神得只想大哭一场，但是因为梦想，不甘屈服，才一步步坚持到今天。

当初之所以选择去武汉求学，是因为：第一，武汉高校云集，教育资源丰富；第二，学校就在本省，离家相对较近，方便回家看父母；第三，该校法律专业口碑不错，是除了中文以外我最喜欢的专业。

我想学法律，可能缘于从小我在农村长大，心中有一种追求公平、正义的朴实观念，尤其当我在现实生活中看到一些不公平的事情时，总是心有余而力不足，常常为此满怀愧疚，这时我能想到的唯一有力武器就是法律。

选择湖北经济管理大学这所平民大学，也是因为黄木生校长的“铸人铸魂、笃学笃行”的教育理念深深地打动了我，还有他提出的“根雕教育艺术”，即高明的雕刻艺术家能将那些藏于深山无人知、弃于荒野无人问的树根发掘出来，因形而雕、依势而凿，塑造成能供奉于殿堂的艺术佳品的教育理念。学校明确提出，要办一所让普通人“进得来，读得起，学得好”的平民大学。

黄校长还向我们阐述过平民大学的另一层含义，就是要让学生从平民中来，经过大学的冶炼，再回到平民中去，为大众服务，致富一户，致富一片，致富一方。如果我们和家长千辛万苦培养出来的是上不得山、下不得乡、去不得基层、吃不得苦的“贵族”，那就是教育的失败。

我是一个喜欢有特色、有个性和创新精神的人，不喜欢千篇一律的东西。除了北京大学的“思想自由，兼容并包”治学理念，黄校长的教育理念最符合我的价值选择。

我相信我的眼光没有错，通过三年的努力学习，我一定可以实现从三流高校学子到一流人才的蜕变。

我从进入大学的第一天起，就已调整好学习心态，对三年的大学生活也做了详尽的规划，我对自己说，既来之则安之，脚踏实地，从自身去努力，不去抱怨现实环境，也不去和他人比较，我只管用心做我该做的事，念我该念的书。

我忘记自己在高考中的失利，虽然读了一所专科学校，与当年的同学有了差距，但我没有自暴自弃，而是更加珍惜来之不易的学习机会。

在图书馆，我总是最后一个离开，为了方便在图书馆自习、借书，我主动帮管理员老师打扫卫生、收拾书籍，以争取到更多的学习机会。

图书馆的杨老师看我喜欢学习，还主动给我提供很多方便。沉浸在书山书海里的我，常常忘记饥饿，《旷野的呼声》《战争与和平》《百年孤独》《瓦尔登湖》《西方美学史》《童年》《在人间》《我的大学》等经典著作第一次进入我的视野，我便爱不释手；柏拉图、亚里士多德、老子等著名思想家的书籍，更牵引着我对人生的哲学式思考，这些都让我由一个知识面十分狭窄的少年变为一个知识和思想更加丰富的青年，我的精神世界在发生着变化，甚至我的生命性情也在发生着变化。

毕业于滁州学院的耿仲钟同学曾和别人分享过一句话：“在三流的学校，也要做一流的人。”

虽然我们在三流学校里、身处逆境，但不应丧失理想与信心，要有一颗搏击长空的雄心。理想是人生前进的灯塔，而信心比黄金更重要。

“贫，气不改。达，志不改。”在大学里，只要我们始终以高标准严格要求自己，不断拓宽自己的知识，不断锻炼自己的能力。找到、确定并认可自己的独特性与价值，不被周围的消极论断所影响，主动寻找环境中的有利因素，按照自己的规划发展自己，坚定自己的人生信念，付出一流的努力，必定能够成为一流的人物。

最后，我想送给三流学校毕业或者处于社会底层的朋友三句话：第一，凡事起步艰难，坚持到后面就会容易；第二，英语是砝码，一定要敢说、活用；第三，没有用学习解决不了的问题，但做人一定比做事重要得多。

工作之余勤于学习的甘相伟

## 得到名教授的点拨

在北大五年多时间，我一直在变。从一个普通青年成为一名保安，从一名保安又成为一个北大学子，从开始对事物的认识欠全面欠深刻，到现在凡事都有自己的思考和见解，我发现自己一直在成长、收获，其中唯一没变的就是我的好学。

因为好学，我这几年接触到不少北大的教授和学生，是他们给我创造和提供学习的机会，帮助我成长进步。

我可以列举很多我与北大老师之间的故事，在这里，就挑其中的一位和大家分享吧。

2007 年秋天，我被北大保安大队录用后，我就告诉自己，我来此的目的就是学习。为此，我第一个报名申请读北大平民学校，如饥似渴地参加各门课程的学习，同时渴望得到北大教授特别是名教授的点拨。

我是因为在保安工作岗位上表现积极、学习愿望强烈才被推荐上了北大平民学校的。

我记得那天的开学典礼上，时任北大副校长的岳素兰教授发表了致辞，嘱咐我们珍惜在北大的学习机会，努力提高自己，在工作中学以致用，更好地为北大、为社会服务。

在开学典礼上，一位教师代表的发言引起了我的注意。我从来没有听过这般清脆悦耳的声音，言语间文学味浓厚，更让我佩服的是，这位老师没有带讲稿，即兴发言都说得那般自然流畅、文采动人。如果闭着眼睛去听，还能感受到那种韵律感和节奏感。

总之，这位老师给我的印象太深刻了。

她讲话的大概意思是，欢迎同学们的到来，你们从祖国的四面八方来到美丽的燕园，实属不易。你们个个朝气蓬勃，正是人生学习的黄金时期，在这里，你们可以获得无价的知识和智慧，你们崭新的人生之路将从这里开启，你们美好的未来正在向你们招手，期待你们从当下这一刻行动起来……

那时，我还在北大古朴典雅的西校门站岗。

大约晚上九点多，白天的喧闹刚刚退去，夜晚的北大校园灯光柔和，一片安静，校门上挂着的大灯笼则显得五彩缤纷。

突然，我看见一个非常熟悉的身影，她推着一辆自行车慢慢地向大门走来，几乎在同一时刻，她也注意到了我，走到跟前，我一下就认出这正是在平民学校发言的那位老师。

于是，我上前一步，主动向这位老师问好。

我说："老师您好！我是平民学校的学生，我叫甘相伟，上次听您的发言让我备受鼓舞，感觉您讲得非常好，您有着很深的文学素养，对教育也很有研究。"

她笑着说："谢谢你啊！过奖了。你每天都在这里站岗，工作很辛苦吧？"

我赶忙说："不辛苦，这是我应该做的。"

她又热心地问道："小伙子来北大几年了？平时喜欢看书吗？"

我回答道："刚来一年，我特别喜欢看教育方面的东西，我现在专科已经毕业了，将来想当一名小学老师，我很想学习这方面的知识，但不知道怎么下手。"

她充满惊喜地对我说："那好啊，这样吧，如果你有时间，可以来旁听我给研究生开的教育财政课。"

说着，她从包里掏出一张名片递给我，我接过来一看，上面印着"北大教育学院鲍威教授"，下面还有联系电话、工作地址等，背后印着英文。

我一看真找对人了，心里很兴奋，我表示很喜欢这门课，一定会去听课的。

鲍老师临走又说，你随时可以和我联系，在学习方面有什么困难咱们一起探讨。

听到这里，我简直是受宠若惊，只知道一个劲儿地点头。

晚上十点下班后，我就给鲍威老师发了一条短信。

我说："鲍老师您好！我是西门保安甘相伟，很高兴认识您！感谢您对我的帮助！请问您的课是什么时间？在哪个教室？我很想去听。"

鲍老师马上给我回复了一条短信："我也很高兴认识你，看得出来，你是一个非常积极上进的青年，精神可嘉啊！我的课是每周四晚上七点至九点，老化学楼 107 教室，欢迎你的到来。"

就这样，每个星期四的晚上，我都会出现在鲍老师的研究生课堂上，大家从不排斥任何一位旁听的同学，鲍老师还特意嘱咐她的助教每次多复印一份讲义给我，还让我抽空多看看《北大教育评论》上面的文章。

有时课下鲍老师会询问我有没有什么问题，我总会就自己的疑问向她请教，她也总能给出令我惊喜的解答。

从此以后，每次上鲍老师的课，我都会提前三十分钟来到教室。

有一次，她的一位研究生迟到了二十分钟，这时鲍老师突然停下来，对同学们说道："各位同学，这位是我们北大的保安，工作任务很重，但他每周都能坚持上我的课，他比你们要积极得多，你们可要向他学习啊。"

我不知道鲍老师会当着他的研究生的面这样鼓励我，我有些不好意思。但我也马上意识到鲍老师这样说的目的，她也是鼓励在座的每一位同学，好好珍惜来之不易的学习机会。

鲍老师的研究方向是教育财政问题，说得简单一点儿，就是研究国家财政在教育上的投入在公立大学和民办大学以及农村教育和城市教育资源上的分配问题，实际上这也是教育的公平问题，它关系到我们每一个人的切身利益。

从农村走出来的我，能体会到农村教育资源的相对贫乏，城市教育资源的优越及丰富，这也是我关注教育的一个原因。

2011 年 12 月，我抽空去教育学院拜访鲍威老师，并向她请教关于读书写作和未来职业规划方面的问题。

她放下手头工作，认真地和我交谈，她告诉我，读书一定要读经典，要读有深刻思想的书。除此以外，有些书籍只需浏览一下就可以了。至于写作，首先要体验生活，比如，保安工作就是体验生活的一种好途径。如果刻画人物，要写出人物内心世界的真情实感。在谈到职业规划时，鲍老师告诉我，先找到你人生的兴趣点，做你喜欢做的事，能够把职业和兴趣完美地统一起来，这就是人生的成功。

听了鲍老师的一番话，我觉得很受启发，在以后的日子里，每当我有人生或工作方面的困惑时，鲍老师就是我请教的对象之一。

我非常感激鲍老师一直以来对我的关心和帮助。

2011 年年底，有一天鲍老师告诉我，2012 年她要到国外做一年访问学者，交谈中还不忘叮嘱我，如果有什么学习方面的问题，可以给她发邮件或找她的助教帮助解决。对此，我表达了自己的感激之情，并预祝她在新的一年事业顺利，在国外生活得愉快。对于北大平民学校，我们都坚信它会一直办下去，并坚信我们都会迎来更加美好的未来。

鲍老师无时无刻不在关心着我，鼓励着我，感动着我，鲍老师只是我在北大要感恩的众多老师中的一位。

我对这些北大老师满怀感激之情。他们从来不因我身份普通而慢待我，也没有因为我的浅陋而放弃我，相反，他们都很关爱我，鼓励我不断学习，努力走好未来的人生之路。

## 大学就是大江大海

新东方教育科技集团总裁俞敏洪在北大演讲时曾告诫北大学子：

“我们进了北大这样的大学固然好，但并不是每一个走进北大的学生就必然成功。我看到很多北大的学生，进了北大就不学习了，也看到很多北大的学生，由于学习压力非常重，心理有问题。我还看到一些北大的学生，大学毕业以后无所事事。但是我看到很多二本、三本的学生，他们在经过自己全力以赴的努力以后，考上北大、清华的研究生或者是进入世界名牌大学。”

这说明规划的重要性，即我们应该如何设定我们的大学生活，做好我们该做的事情。

我读高中的时候，我的老师就告诉我大学就是人江人海。

我到北大后，才真正明白什么叫天高任鸟飞，海阔凭鱼跃。这里空间很大，活动很多，事情很多，一切都得靠自己选择和规划，最终来成就自己。

一位北大毕业生总结自己的北大生活时，他认为在北大应该做以下几件事情：

第一，争取参加相关的国际交流项目。

在北大，这样的短期跨国合作项目不在少数。对于不愿出国又想亲身体验国外的学习和生活环境的同学来说，可以积极争取这样的机会，如果能抽出几个月的时间，亲身感受国外的人文风情，容易开阔眼界，有利于做出更加正确的选择。

第二，有针对性地多听讲座。

北大高质量的讲座数量惊人，请的牛人也数不胜数，讲座内容也越来越丰富。每个人可根据自己的兴趣多听讲座，带着目的与主讲人交流互动，这样比一个人闷头看文献效率高很多。

听讲座不能只是为了好玩或有趣，自己要有真正的收获，不仅能享受过程，最好还能高效吸收最新研究成果等。

第三，利用寒暑假尝试不同类型的工作。

能够在本科阶段尝试最好，早点儿发现自己真正喜欢的工作类型，方便在毕业时做出最佳职业选择，利于人生长远发展。

第四，参加社团干部竞选。

参加社团互动不仅能锻炼自己各方面的能力，最主要的是可以锻炼自己的奉献和服务精神。

第五，每学期选修一门体育课。

我个人认为北大的体育课相当不错。体育活动不仅可以锻炼身体、缓解压力，还能交到很多新朋友。多了解健康知识，培养良好的健身习惯，对一生都有益。

根据我在北大这几年的生活经验，我觉得应该做的事还有几件:

首先是学习。可以说在北大的每天都是学习，而且应该是学习。

有人说，我经历了残酷的高考，如今到了北大，应该到未名湖畔来好好晒晒太阳，放松放松。我说，进入北大才是真正学习的开始，每天只有拼命地学习，才有可能学到有价值的东西。

俞敏洪也说自己进北大以前连《红楼梦》都没有读过，所以看到同学们一本书一本书地读，他才开始拼命地学习、拼命地追赶。结果他在北大几年读了八百多本书，这为他日后创办新东方奠定了自信的基础。

其次，我对北大的讲座情有独钟，也建议多听讲座。

听讲座给我的最大好处就是开阔视野，弥补专业上的不足，提高我的综合素养。我觉得在北大听讲座是很幸福的一件事。同时，加入社团，参加社团活动，是我们了解社会的一个窗口，社团给了我们一个看社会的视角和拓展资源的平台。

我自己就是这样走过来的，先加入北大教育知行社，有机会和同学们一起去邀请名家来授课，然后利用这个平台去打工子弟学校支教。

最后，学会建立同学之间的深厚友谊。

我在北大的时候，新东方的董事长俞敏洪校友经常回校做报告，给北大捐款，他说新东方能够走到今天，在美国纳斯达克上市，很重要的一个原因就是有一批当年在北大读书的同学的帮助。他们放弃在美国中产阶级的生活，回到北京和俞敏洪一起创业，靠的就是大学期间对俞敏洪的信任。

另外，还应该与不同专业背景的同学交流，克服思维的盲点。

我在北大认识很多这样的同学，他们有学物理的，有学化学的，有学历史的，有学哲学的，有做考古研究的，有搞环境保护的，有时候与他们交流，会让你觉得这个世界非常丰富有趣。

有那么多好玩的专业，你也会觉得自己很渺小，在茫茫宇宙中你就懂得那么一点点，这就能避免自己刚愎自用、固执己见，那么这个世界在你眼里也是多元互补的。

其实，在北大该做的事、可做的事何止上述几件，更多的时候需要你去询问自己，与自己交流，明白自己想做什么，想往哪里发展。

北大是一个丰富无比的资源库，如果你想成功，想获得光荣，就不要在意外在的任何条件，而要去思考你这辈子到底具备什么样的梦想，到底打算怎样付诸行动。

说白了，既然经过北大这座宝山，你就不能空着手离开，你总要带点儿好东西回去。

Chapter 09

# 普通人的成功法则

## ▶ 引 言

真正的成功不是获得金钱、名利和地位，而是提高个人的道德和品质，有深厚的内涵：自尊自强，服务于社会。对社会贡献越大，就越成功。普通人要想获得成功，必须建立个人品牌。

# 困难时多坚持一会儿

小学毕业后，我准备去镇上读初中了。那里离家较远，每次都需要翻山越岭，路上异常艰险。

那条蜿蜒盘旋的求学路一直压在我胸口上，我曾想过放弃这条路，因为我知道它将给父母、家庭带来不小的负担，可是我害怕如果不走上学这条路，我未来的人生之路会更曲折、艰难。

思来想去，我还是坚定了读书的信念，因为亲情给了我走下去的勇气。

第一次离家在外非常不习惯，再加上我不能每天见到家人，为此我伤心了一阵子。

那时，我一般每个星期回家一次，每次都要带一瓶咸菜去学校，另外母亲还会往我兜里塞十元生活费，不过一般我都不花。

所以大多数时候，我从家里返校，临走前母亲再要给我塞钱时，我就会从兜里掏出上次的十元钱给她看，每次母亲都会既心疼我又嗔骂我不懂得照顾自己，现在不是省的时候。我一般会笑笑，说够用的，有时我明显能看到母亲眼里闪动的泪花。

其实，我深深地明白，我家里穷，那十元钱有可能是父母辛苦省给我的血汗钱，也可能是从邻居处周转的。

20 世纪 90 年代的农村几乎所有的家庭都不富裕，恨不得一分钱都掰成好几瓣去花，我经常听到这样的话："咱们庄稼人种地，脸朝黄土背朝天，辛辛苦苦一年下来只能够吃够喝，哪有啥剩余的钱？"所以母亲给的生活费，在学校我是舍不得花的。

你或许会问我平时吃什么，其实，我自有节俭的方法，一般食堂会免费为我们代煮米饭。吃饭的时候，别人打菜我不打，我会把带来的咸菜按顿分配好，每次我只要就着一点儿咸菜就能把米饭吃完，不出意外的话就能维持到周末。

所以，母亲每次问我为什么不打菜的时候，我就说带的菜够吃，甚至骗她说食堂每天也有免费的菜给我们吃，脸上故意装着轻松。

我不知道母亲知不知道我在说谎，不过那时的饭菜也很便宜，每顿只要五毛钱就能吃得很好了，但我只想通过节俭的方式减轻父母的生活压力。

我记得初二那年，学校经常停水，我们这些住校生每天选择在校园内的一个小水塘里洗脸、刷牙，包括洗碗、洗衣服。

用水最困难的时候是冬天，我们为了用水，先要把冰层敲破，再舀出池塘里的寒水用来刷牙、洗脸。

不幸的是，有一次我刷碗的时候不小心把铁勺掉到水里去了，当时我就心头一紧，心想没有饭勺我怎么吃饭呀，如果重新买一把就得花钱。

我犹豫了一会儿，觉得还是把它捞起来比较划算。

于是我砸破冰面，迅速脱了鞋袜，挽起裤腿和袖筒直接下水用手去摸，当时我就感到一股寒流从脚底瞬间浸到心尖，浑身冰冷，好在我准确地摸到了饭勺，虽说挨了冻，心里感觉也值了。

我那时候每周回家一次，对父母来说既有欣喜也有担忧，因为我一般周五下午放学就往家赶，常常到家天就黑了。而父母每次都会坐在家门口等我，对着那条通往学校的山路盼我的出现，如果时间晚点儿的话，他们就会沿路去找我，直到迎到我才放心。

有一年放寒假，正赶上天下大雪，我为了多带点儿书回家，就用一个麻袋背了二三十斤的书和杂物，我几乎是一步一趔趄地往家赶，虽然东西很重，心里却很高兴。

雪越下越大，天越来越暗，一路上我低着头急急地往前赶，走到半路的时候，漫山遍野已是白茫茫的一片。

我怕父母担心，越走越焦急，后背开始出汗，浑身发热，同时觉得身体越来越吃力，我知道这是过度运动的结果，我想我可能是太累啦，很想歪在路边休息一会儿，没迈两步我顺势就躺下了，与此同时，我心里还念着“大雪压青松，青松挺且直”“千山鸟飞绝，万径人踪灭”之类的诗句。

大约好几分钟后，我隐约听到一个人在叫我的名字，等靠近些的时候，她直接扑到我身上，一把把我抱起，哽咽着说：“孩子呀，你怎么躺在这里？快跟妈妈回家。”

哦，是妈妈，我当时咧开嘴就笑了。

那晚，母亲一肩扛着我的书袋，一手攥着我冻僵的小手，在雪光的映照下，深一脚浅一脚地往家赶。

我不时地抬头望着母亲，眼睛里很酸涩，但心里一阵温暖，觉得再大的困难有母亲在都不怕。

到家的时候已是晚上七八点了，我的头发上挂满了冰，衣服黏在身上非常难受，脑袋还有些嗡嗡作响。

母亲替我擦干头上的污水，又帮我换了套干净的衣服，嘴里说：“安全到家就好，孩子，你小时候就吃了这么些苦，将来还有什么苦吃不了啊？吃得苦中苦，方为人上人。”

母亲的话常常在我耳边回荡，我也默默地告诉自己，将来我一定可以做大事。

初中是我吃苦最多的三年，但我从来没有抱怨过什么，当然偶尔也会羡慕城里孩子条件的优越，在家门口就可以上学，根本不用像我这样绕山路十八弯。

可是我生在农村，农村就是这个条件，我更不能埋怨父母，他们尽心尽力，我无时无刻不被感动着、激励着，所以，我告诉自己，在最艰难的时候我一定要比别人多坚持一会儿。

我有这股毅力，我就不信翻过苦难这座大山就没有平坦的地方。

现在回头再去看那段苦难的生活，我更多的是带着感恩的心态，因为我学会在逆境中把握住成长的契机，对于每个人来说，挫折、失败、打击等各种苦难，都是一颗颗种子，只要我们拥有一颗不屈服的心，这些苦难的种子就会在我们的心血和汗水的浇灌下长出人生最美的花朵，助推我们获得人生恒久的成功。

北大的梦想也是我的梦想

# 总会有人给你泼凉水

多年前的农村对上大学这事还是挺看重的，如果谁家孩子能够考上大学，那是一件了不得的事情，人人都会认为这孩子有前途。

但是20世纪90年代以后，市场经济意识不断深入人心，连偏远的农村也开始普遍追求经济效益，所以打工、创业的热潮一浪掀过一浪。

那时候，我家经济比较困难，当别人都出外打工，认为赚钱比上学重要的时候，我还一心想着我的“大学梦”。

所以，高考的失败对我是个巨大的打击，我的身上背负着很大的压力。在村人面前我总是谨小慎微，在我父母面前我也总是沉默寡言，他们知道我心里有负担，所以三爹和母亲常常安慰我说："相伟啊，要不我们再复读一年试试？如果想继续上呢，我们就再想想办法，先凑齐第一年的学费？"

"我想上大学！"我终于告诉了父母我的真实想法。

当时我的想法是，尽管没有考好，但我想找个自己喜欢的专业，好好研究一下，只要我学得好，在社会上一样可以找到好工作。

但是，没有想到的是，在这个让我异常敏感的时刻，我遭遇到了更大的打击。那是我的一位大叔，那天大叔在我家一起吃饭的时候，他当着在场十几个人的面对我说："相伟，我真想不通，你现在考上大学又能怎么样？第一，你家里没钱让你读书；第二，读书出来你没有任何社会关系，可能还要再回农村种地……"

我绝没有预料到一向温和善良的大叔会对我说出这样的话，我顿时满脸羞红，整个人就像钉在那里一样，心里特别难受。我把眼泪含在肚子里，同时攥紧了拳头，真想一拳朝他打过去，但我最终忍住了。

我心里一直不停地对自己说："我将来一定会有出息的！我要让你为自己所说的话感到后悔，我就是要证明给你看，总有一天我要让你看到我的大学不是白读的！"

不管他当时说的那些话是有意还是无意，却深深地刺伤了我。回到屋里我痛苦地流下眼泪，无力还击，只感到无助。我想如果我真的考上北大，他可能就会说一些恭喜我的话，可是我没有啊。

人生就是这样，在你最无助和落魄的时候总有一些人会给你再泼凉水，让你的人生更加痛苦。只可惜，我当时并不明白这是考验，这是上天恩赐给我的一个机遇。

从此以后我真的不敢松懈了，虽说我上的是一所专科学校，但是我时刻都记得这次的打击，并以此来激励自己。

到了大学以后，我抓住一切机会学习，广泛阅读各种书籍，旁听各个高校的讲座，不断完善和充实自己，我的视野开始变得开阔起来，人生规划和目标越来越清晰，自信心也随之建立起来。

于是我就有一种想成功的冲动，因为在过去的十几年里，我一直在为这样三个问题着迷和思索：第一，世界上有卓越成就的人是如何取得成功的？第二，他们取得成功有没有一些共性因素？第三，作为普通人，我们该如何去获得成功？

为了寻求这些问题的答案，我阅读了上千本书，涉及社会学、心理学、生命科学、历史学、政治学、经济学、文学、管理学等，后来又在北大和成功人士进行面对面交流，并不断地去进行人生经验的总结。

这些经验让我明白，普通人要想获得成功，必须建立个人品牌。以下是我得出的一些共性要素：

第一，以修身为根本，以利益他人为目的。

第二，要有强烈的成功欲望并且要积极主动。

第三，以结果为导向一步步推进现在的行为。

第四，善于借助外力和别人一起去实现目标达到双赢。

第五，目标视觉化，发挥特长并嫁接到你的梦想上。

第六，集中优势兵力，聚焦你所有的能量。

第七，十个想法不如一个行动，以勤奋做保证，用知识评估你的实践。

当然，真正的成功并不能被狭隘地认为是获得金钱、名利和地位，最根本的还是个人的道德和品质，它有着更为深厚的内涵，那就是自尊自强，服务于社会。对社会贡献越大，才越成功。

这些年，我一直在思考，也一直在实践，我学会了感恩那些伤害我的人和事。痛苦让我奋起直追，痛苦促使我思考人生，痛苦让我看到人生更为广阔的天地，痛苦更促使我去研究普通人的成功法则。

我也期望更多的普通人能实现人生的成功和价值的展现。

生活中的不快是人生的一种修炼，大自然的运行规律告诉我们：要九分努力，十分忍耐，忍耐到开心为止。

为此，我要感谢大叔，因为他激发了我的潜能。

有时，我常常会想，是什么力量让我能够一直不断地去挑战自己？直到进入北大，一位老师在了解到我的成长经历后，说我每走一步都饱含艰辛，她理解我的苦难，她说我的身上有一种不服输的精神力量一直在牵引着我，也就是意志力。

我相信这一点，所以我一直在努力构建一个属于自己的强大的精神世界，不断去创造属于普通人的成功法则。

# 初恋时未必懂得爱情

在我们的青春岁月，或许每个男孩都会悄悄喜欢一个女孩，或许每个女孩心中都有她暗恋的对象。

对于爱情，我也曾充满了美好的想象，我渴望遇见一个和我一样有追求有梦想的女孩，最好能跟我并肩奋斗，相互鼓励，一起成长。

到北大以后，我听一位教授讲课，他谈到在这个世界上有五个人会是你的缘分，而最终和你走到一起的一定是这五位中的一位。我听了以后觉得特别有意思，难道晓薇也是属于这五位中的一位？或许吧，但我至今也不知道这位教授是怎么得出这个结论的，但是他曾经给我们讲过六度分割理论，说你和世界上任何一个陌生人之间只隔着五个人，想认识他，只要走五步就可以了，包括你和美国总统之间也是一样。

情感萌动的高中岁月，我确实真实地喜欢着一个女孩。她叫晓薇，是我们班的班花。

那时候，我初到城里求学，一切对我来说都是新鲜的，内心感到异常兴奋，再加上我入读的是当地最好的重点高中，有时会得意忘形，忘记自己是一个从农村出来的穷孩子。

在环境优美的一中校园里，我喜欢徜徉在每一条主干道上，留意每一处景点，更喜欢去逛周围的每一家书店。

总之，那种莫名的幸福让我陶醉其中，很想多认识一些身边人，和他们交流意见，分享我的幸福和梦想。

其实不只是我，刚进一中读书，同学们都有一种渴望彼此了解的想法。巧的是，班主任在开学第一节课就组织了一个这样的活动，美其名曰：敞开心扉话自己。

活动虽好，但是同学们普遍害羞、拘束，一个个大眼瞪小眼，互相观望，没有几个敢主动走上讲台介绍自己的。

后来我统计了一下，我发现主动走到讲台上去的同学不超过十位，而我是因为离讲台近，无意中被同学推上去的。

老师看见我这么“主动”，脸上露出肯定的笑容，事已至此，我只得硬着头皮走上讲台，但始终低着头，我分明感觉到自己的脸已经变得通红，身体也在不停地抖动，说话声音也不大。

我简单介绍了自己的名字和兴趣爱好就匆匆地走下了讲台，坐下后心跳得还是很厉害，想想自己可能是太在意自己了，所以 点儿都放不开。

接着上台的是一个女孩，听见她甜美的声音，我不由得抬起了头，但仅看了一眼我就把头低下了，我不好意思起来。

她就是晓薇，不仅人长得好看，普通话也说得很标准，在台上显得落落大方，给人的印象特别好。

一天早上，我吃完早餐走在去教室的林荫小道上，感觉前方迎面走来一个人，就在我抬起头的瞬间，对方也抬起了头。

就在那一刻，我们几乎像商量好似的，都惊讶地看着对方，我嘴里想说，晓……晓薇……但就是喊不出来。

时间大约停滞了二三秒，我发现我的眼睛竟然收不回了，还在盯着她看，她快速低下了头，也许她感觉到了什么，就冲我微笑了一下，不好意思地扭头走开了。

我呆在那里，感觉有一股暖流瞬间涌遍全身，一种无法描述的美在我的视野里荡漾开来。

事后，我问自己，我的眼睛怎么会凝固在她脸上呢，好好的，我怎么就说不出话了呢，但不管怎么调适，心里始终有一种说不上来的东西在左冲右撞。

我突然明白过来了，难道这就是传说中的“一见钟情”？我心里一阵窃喜，一会儿又无限失落起来，一会儿又幻想着我一定可以在这里实现爱情和学业的双丰收。

第二天在班上我们又见面了，不知为什么，我们俩都很自然地打着招呼，就像没有经过那场尴尬似的。实际上，我们都故意装作若无其事的样子。

我甚至能感觉到我们之间已经达成了一种“默契”，都不约而同地守着那份对彼此的好感，一点点往心灵深处埋，生怕被旁人看出来。

在上午最后一节语文课结束后，她经过我身边的时候关心地问我：“刚发的语文试卷你做完了没？”我非常高兴地看着她，自信满满地说：“已经做完了，我做得很快。”

“哦，”她继续说道，“那你好好学习，注意不要太劳累，学习也要劳逸结合。”我幸福地看着她不住地点头，表示我会的……

啊哈，当时我真是心花怒放，感觉幸福得就要喊出声来了。心想，“两情若是久长时，又岂在朝朝暮暮”，不要太得意忘形。

有段时间，我特别想约她出来，但每次她不是说要陪同学去买什么东西，就是说自己还有很多书没有看完，同时她还不忘让我把心放在学习上。

就这样，我的心始终被她牵引着、鼓励着，为此，我获得很强的学习动力。

在艰苦的高中学习生活中，我一度特别努力，觉得压力大的时候，我就会停下来想想她，沉浸在她的一颦一笑中。

也有几次，我主动给晓薇写过情书，以表达我的爱慕之情。但足够理智的她总会在回信中恳切地告诉我，现阶段我们应该以考大学为主要目标，父母和老师对我们充满期望，我们不应该过多地考虑儿女情长，只要努力学习就好。

我只得强迫自己把对晓薇的思念化作具体的学习动力，跌跌撞撞地度过了高中三年。

现在回想起这段往事，我认为自己当时太不成熟了，有时竟然置前途于不顾而迷恋于花前月下，幸好晓薇比我理智，没有让我陷入情感的泥潭，难以自拔。

所以，我现在特别想跟处于中学阶段的学弟学妹们分享我的观点。作为过来人，我劝大家中学阶段最好不要谈恋爱，虽然现在早恋现象已经屡见不鲜了，但是你未必懂得爱情。如果你没法用理智去战胜生理冲动，把对爱情的向往化作学习的动力，最后后悔的必定是你自己。

还有，我们辜负不起自己的大好青春，尤其得为含辛茹苦的父母考虑。

现在的我就对晓薇充满了感激。

后来，晓薇通过自己的勤奋和努力考上国内一所重点大学，有时，我们也通通电话，相互鼓励。

大学毕业后，她又到国外留学。2010 年她以海归身份回到北京，凭借她在海外学到的丰富的金融知识就职于长安街上的某金融集团。

而我大学毕业后，辗转一两年也来到北京，走进北大。最近我才和她取得联系，我邀请她来北大看京剧、音乐会、芭蕾舞，她答应一定过来，但因为彼此的忙碌，我们至今未能见面，我对她的印象还保持在十年前。

诗人卞之琳在《断章》中写道：“你站在桥上看风景，看风景人在楼上看你。明月装饰了你的窗子，你装饰了别人的梦！”

是的，晓薇就是那个曾经装饰了我的梦的人，她也影响了我后来的择偶标准，我想一个女孩子温婉、善良、上进的品质是必不可少的。

在我们的生命中，总有些人和事会让你一直牵挂。那个曾让我苦苦思恋、个性安静、端庄秀丽、一身白裙的女孩，在人生这条高速路上不知又走向何方，唯有美好的回忆和祝福留在我心中。

# 虽斧钺加身毫无顾忌

最近一段时间，有一个人被我们反复提起，这个人的名气非常大，他的精神不仅影响中国好几代人，也波及海外很多国家。他身上的这种精神，有人说它已经过时，有人说我们这个时代非常需要。

这个人就叫雷锋。

他有句名言："人的生命是有限的，可是，为人民服务是无限的。我要把有限的生命投入到无限的为人民服务之中去。"这句话道出了人生应有的价值追求，那就是服务他人、奉献他人，说到底，人活着不能只为自己考虑。

仔细回想，我从小心中就有这种念头，当我看到生活贫困、父母艰辛、农民不得不外出务工时，我的心里常常酸楚无比，我常想为什么我们的生活会这么艰难，一年四季这么辛苦耕耘，到头来却只能勉强维持吃喝，很多家庭甚至连孩子上学的学费都交不起……

那时我就想，要是我有能力就好了，我可以帮助我的家人，帮助我的乡亲们。可是，当时我还是个小孩，我自己没有赚钱和改善生活的能力。我只有去求学，通过读书去壮大自己，以后走出大山，去山外成就一番事业，然后回来帮助他们。

自己找到“出路”之后，一方面努力学习，另一方面努力节省。想想自己一直追求的就是一种服务精神、一种奉献他人的能力。

我毕业以及到北大后，通过尽职尽责的工作和奉献精神去服务我的客户、服务学校的师生、服务打工子弟学校的孩子们、服务世界各国的体育健儿……所有这些都是我在践行这种精神。

虽然我能力有限，服务的对象有限，但我却从中体会到了纯粹的幸福和快乐。我想，这可能就是雷锋精神在生活中的具体体现。

有时候，我们人生的价值就体现在服务别人的过程中，说白了，就看你能为别人做什么。对我们个人如此，对一个企业也是如此。

我们知道，Facebook 是当今世界上最热门的社交网站，它于 2004 年 2 月 4 日上线，八年过去，创始人马克·扎克伯格从一个哈佛大学的退学生到全球最年轻的自行创业的亿万富豪，被称为“盖茨第二”。Facebook 申请上市时扎克伯格打算融资 50 亿美元，而专家为 Facebook 预计的估值则为 1000 亿美元。

根据报道，扎克伯格创立 Facebook 的初衷是“创造没有国界的帝国”，这个愿望让全世界的人通过 Facebook 紧密地联系在了一起。这就是它的价值所在。

其实，我们每一个人可能都有这样的生活经验，当我们生病时，身体特别疼痛，这时头脑里才会将身外的很多东西，包括考试成绩、工作奖金、名誉、地位等，统统看成是浮云，因为它没法消解我们身体上的难受和痛苦。而在这一刻，我们就会看清生命本身，人应该怎么生活。

就像马克思说的，当我们选择了最能为人类的福利而劳动的职业，我们就不会为它的重负所压倒，因为这是为全人类所做的牺牲，那时我们感到的将不是一点点自私而可怜的欢乐，我们的幸福将属于千万人。

马克思的话曾经触动过我，特别是在我上初中的时候，一想到我的家人还有我的乡亲们，特别是中国还有那么多穷人，都还在苦苦挣扎的时候，我就充满了学习的动力，大概也有点儿像马克思说的，为大多数人的幸福而去奋斗的意思，而我的确从中感受到了生命的意义。

助人为快乐之本。一个人能帮助他人什么，能为别人付出什么，代表他有能力为别人服务，他有智慧和能量贡献给大家，而且是越付出自己越快乐，自己越富有。

如果你说自己没有某方面的能力，也没有助人的智慧，又想为别人做事，那该怎么办呢？其实还是可以奉献的，那就是，当你看到别人成功了，你就跟着高兴，恭喜他，给他一句赞美的话。

如果这些做不到，你哪怕是给别人一个笑容，点一个头，也能给人带来快乐，也算是帮助到了别人。

话说回来，北大精神就是一种奉献精神、牺牲精神。北大老校长马寅初曾公开演讲说：“五四运动，打倒卖国贼，作人民思想之先导。此种虽斧钺加身毫无顾忌之精神，国家可灭亡，而此精神当永久不死。然既有精神，必有主义，所谓北大主义者，即牺牲主义也。服务于国家社会，不顾一己之私利，勇往直前，以达其至高之鹄的。”我从中受到了深深的震撼，今天的北大人还保有这种服务国家、贡献社会的意识和使命，常常体现在课堂上、讲座中甚至学生私下的交流中。

心中有爱，天地才宽。我觉得任何一个人都应该追求生命中的大我，在我们欠缺的时候，我们积极地吸收学习，当我们拥有和丰富的时候，我们就积极地奉献和给予。

我们每个人原本都具备希望为社会、为他人做点儿什么的善良之心。当看到我们身边有越来越多的年轻志愿者无偿地为社会做义工时，我强烈地感觉到，我们的利他精神是人类与生俱来的本性。

说到底，我们奉献自己的东西给别人，并不会失去什么，而是能从中得到更多东西，最终收获的是一个圆满和幸福的自己。

# Chapter 10

## 寻找世间美好的能量

## ▶ 引 言

成功者大都是能量充沛、气场强大的人。他们能透过纷繁复杂的世事，保持内心的清净，做真正的自己，还能发挥自身能量去感染影响他人，最终获得成功完满的人生。

## 不与环境相对立

有人对我的经历很好奇，说在北大后勤系统几千人中，为什么你却能做出一点儿成绩来？

大多数时候我都会呵呵一笑，我说奥秘就是不对立，顺着北大去生活。

相比较而言，我是比他们中的一些人幸运些，但是这些后勤人员都在自己平凡的岗位上默默地奉献着自己的光和热，每个人的价值别人都替代不了，对他们来说这就是成功。

归根结底就是不对立，以北大为家，以工作为乐。

我曾经专门写过一篇文章叫《北大的工友》，这篇文章就是讴歌他们、向他们致敬的。

环顾我们的生活，总有一种人生活得很痛苦，每天都不满意，每天都在患得患失，每天都在抱怨自己的遭遇。

他们由于没能认清自我，在岁月中对付度日，找不到人生的方向，身心都得不到安放，所以很痛苦。有的既想赚大钱，又吃不了苦，看这不顺眼，看那不合胃口，结果每一天都活在磕绊中。

这些都是对立的结果。与自己对立，与别人对立，与生活对立，与环境对立，所以难有成绩。

我在北大接触和认识很多有成就的人，我发现他们都有一个共同的特点，那就是他们对人都很友好，很会与人相处，与环境相适，没有什么对抗和冲突。

我常常与我们北大的后勤员工接触，我发现他们总是很和气，挂在他们嘴边的口头禅多是“对不起”“谢谢”之类。

我觉得这五个字非常厉害，任何矛盾和问题只要用上这五个字，立马就能化掉80%。不信你可以在生活中试验一下，奇迹马上就会出现。这可能就是导致成功与失败两种人生状况的原因。

我曾经也为生在偏僻的农村而感到命运不公，力不从心，总是在困境中苦苦挣扎。上学的时候，当我看到班上城里同学身上那种优越感，也曾失落过。

现在回头看来，大可不必，每个人都有各自的“道”，我应该顺应我的“道”，演好我的角色，不应该把自己和别人对立起来。

后来，我在大学里接触到了哈佛大学加德纳教授提出的多元智能理论，即每个人都有自己的优势禀赋，我们应该把焦点放在自己的优势禀赋上，然后拿自己的优势与别人互补，彼此自然融洽，便不会再有对立的痛苦。

有一段时间，我痴迷于研究古今中外历史上的成功者，结果我发现他们都无一例外地在自己所热爱的领域里取得了举世瞩目的成就。

细究下去，我发现当他们在早年只能获得一份打扫办公室卫生的工作时，他们也会全力以赴，不去挑剔工作的好坏，他们不仅干得很快乐，而且对周围人非常关爱和尊重，总是以积极正面的态度处理人际关系和工作环境，结果自然处处和谐融洽，成功也便孕育其中了。

在北大，我也碰到个别有负面情绪的年轻人，他们不是抱怨工资太低、领导对自己不好、同事缺点太多，就是抱怨社会不公平、自己没有机会。试想一下，这样的人怎么可能工作顺畅、事业成功呢？

在北大我是没有休息日的，我每天都要工作和学习。一般我早上六点多起床，先到未名湖畔读书散步，有时还会帮清洁工阿姨打扫厕所。我不觉得这样的生活有什么艰难和委屈的，我始终相信一句话：合理的要求是训练，不合理的要求是磨炼。不管是合理还是不合理，只要你不用对立的眼光去看，都是一种人生的锻炼。

有时，最简单的就是最有效的，当我不能改变一件事情的时候，我就试着去改变对这件事的看法；在我没有能力的时候，我要求自己一定要有好的态度。这样，就能保证你与别人、与环境不冲突不对立。

我在北大档案馆工作的时候，那里有一位保洁阿姨，每天总是开心得不得了，就连扫地的时候还哼着小曲儿呢。

她每次从我身边经过，我都能感受到她身上那股美好的能量，心情自然跟着舒畅，整个环境瞬间都会被她熏染。我想北大真是有福气，这样的保洁工到哪里都会有人请的。

如今，当我怀揣着文学梦亦步亦趋来到北大之后，每天我只有珍惜，只有感恩，有时，我会担心第二天一觉醒来，发现自己不在北大。我现在能做的，就是对身边的每一个人好，用我的笔勤奋地耕耘下去，纵然艰难，但身处这样一个和谐的环境中，不对立就是进步，就是人生最大的成功。

## 靠近有正能量的人

因为工作的关系，我在北大接触过一些不同寻常的人。

不得不承认，他们身上会散发出一种很强的磁场：超一流的口才、积极向上的心态、永不言败的信念，在任何地方他们都能成为大家关注的中心和焦点。

有时候，我们与这样的人接触会评价说，这个人很有能量。

在现实生活中，很多成功者大都是能量充沛、气场强大的人。因为他们能够透过纷繁复杂的世事，保持内心的清净，做到真正的自己，同时还能发挥自身能量去感染他人、影响他人，最终获得成功完满的人生。

我们每一个人都是一个能量场，这个能量场可以产生一种作用力，既时刻环绕在人体的周围，起着维护身体健康的作用，又能根据不同的事情对外产生不同的作用力。

人的能量是一定的，要做什么事，你将要付出多大的代价，应该是每个人都必须慎重考虑的。

在北大，我发现每个人身上都带有能量，尤其一些人身上带着积极、乐观、自信、上进这样的正能量，与他们接触，我能感受到生活中有一种生机，很容易受到他们的感染，感觉活着真是一件很有价值的事情。

如果与悲观、抱怨或者绝望的人交往，那就会很痛苦。

比如，我有一个同事，工作勤奋上进，为人踏实善良。他也来自农村，家庭生活压力非常大，年龄也不小了，但他心态非常好，每天坚持学习，从来没有说生活怎么这么苦、活着真累、压力太大之类的话。

他的脸上始终挂着暖暖的微笑，总是一副苦难打不倒的样子。

可能是他的乐观积极感染了我们，我们没事儿总爱和他聊天，即便带着沉重的心事，一到他那儿，立马能化解掉。和他在一起总能感受到生活中一些值得珍惜和感恩的事情，因而心情开朗起来。

记得看过一句经典的话：装了一半水的杯子，乐观的人看到的是半杯水，悲观的人看到的是半个空杯。

这就是具有正能量的人与负能量的人的差别，无论你怎么看，那个杯子都是装了一半的水，它不以你的意志为转移，你的心态和看法却会导致不同的结果。

很多时候，我愿意从北人小人物身上寻找这种能量的所在。

2011 年，北大一个年轻厨师深深地感动了我们。

这位厨师叫李建华,他是一个为北大师生服务了八年的临时工，曾是北京大学农园食堂二层锅仔档厨师，以小鸡炖蘑菇闻名北大。

不幸的是，年仅三十三岁的他突发脑出血去世。

这本来是一个北大普通员工的意外去世，不想，却引起全校师生的关注。

因为他是一个积极阳光的小伙，对人温暖热情，极富爱心。

五年来，在北大农园食堂二楼的锅仔档窗口，每到开饭时间，他总会用浓重的东北口音热情地招呼师生们就餐，有时得闲他还会与排队的同学聊上几句，每当学生接过餐盘，他还不忘叮嘱一句："小心烫手！"有时给一些饭量比较大的同学盛菜，他还会多加两块鸡肉。

他的热情为人、阳光般的笑容和香喷喷的小鸡炖蘑菇为他赢得口碑和人气，我也不止一次去过他的窗口吃饭，对他印象很深。如今，这些却成为燕园永远的记忆。

李师傅虽然只是北大的一名服务人员,身份仅是一名普通厨师，但他身上体现出来的敬业奉献精神及散发的巨大能量，感动了整个北大。

北大研究生会的一名同学说："李师傅虽然叫不上你的名字，却能清晰地记得你多长时间没来，喜欢吃什么菜。哪怕他现在不在了，也依然是我们心中永远的阳光大厨。”

还有一名常在农园吃饭的学生说：“李师傅总是笑着给我们打饭，还总是热心地跟我们聊上几句。食堂的厨师虽多，但李师傅的热情是别人比不了的。”

不为人所知的是，李师傅表面上跟没事人似的，其实他身上的担子很重。

他一个月基本工资一千一百多元，加上加班费每个月能拿到二千多元。当时他九岁的儿子在吉林老家寄宿小学上三年级，他的奶奶已经八十多岁了，父亲瘫痪在床，母亲一个人种二十多亩地。为了减轻家庭负担，他经常往家里寄钱。

李师傅去世后，北大师生、退休的老教授、远道而来的供货商、他的同事纷纷为他的家人捐款。

很多人为他的离去痛心惋惜，很多人因吃过他的小鸡炖蘑菇而怀念不已。

但让北大学子怀念更多的不是菜的味道，而是李建华那张阳光般的笑脸和特有的热情。归根结底，是李师傅身上这股积极美好的能量打动了我们。

我一直在燕园寻找这种能量，默默地感受这种能量，并努力创造出这种能量。

不管你身处怎样的环境，周围聚集着怎样的一群人，都要记住，要用积极乐观的心态去处理任何问题，不要消极，不要抱怨，更不要与环境相抗衡，造成身心的不协调。

这些年，生活给我的智慧是，当我们清楚自己所处的环境，主动适应身边每一个必须相处的人，用心发现周围积极的因素和快乐的因子，不断去接近身上具有美好能量的人，不要说在北大，在世界上任何一个地方，你都能给自己和他人制造出惊喜和喜悦，让人生充满正面的能量。

当我们还不具备充足能量的时候，就先向具有正面能量的人靠拢吧，总有一天，你会把自己变成一个具有正面能量的人！

# 教育是改变命运的灵丹妙药

2007年我刚来北京时，经熟人介绍，在一所打工子弟学校做代课教师。

打工子弟学校是一个听起来多少让人有点儿心酸的名词。顾名思义，它是城市为解决外来进城务工人员子女就学开办的学校。

这些学校有公办的也有私立的，但大都是经过相关教育部门资质认证过的，由爱心人士资助而艰难维持。这是我来北京后的第一份工作，虽然条件和环境比较特殊，但也符合我的价值选择。第一，我对教育有过自己的思考，曾做过老师梦，感觉站在讲台上可以“指点江山”，传播我的教育理念；第二，我也来自农村，更容易亲近这些孩子们，以倾听和了解他们的所思所想；第三，我对物质方面没有过高的要求，有吃有住能实现我的价值追求就行。

进入学校我才进一步了解到，这些孩子来自全国各地，他们的父母都在北京做着最底层的工作，有的打着零工，有的在工地上，有的做着小买卖。

我能体会他们父母的艰辛，也感动于孩子们的懂事上进。所以，我在课堂上会尽我所能把我所知道的都奉献给他们。

比如我在讲解课文的作者时，会给他们讲解课文背后的故事，讲作者艰辛的人生历程，讲他们怎么对待苦难的命运，如何奋发上进，直至取得人生成功。

有一次作文课，我让他们紧密联系自己的生活背景，谈谈对生活的认识和感悟，我说你们这么小就离开家乡，跟着爸爸妈妈来到北京，一定会有自己的感受，比如在老家好还是在北京好？比如以后你想做什么？对父母是一种什么态度？

没想到这些都触及了孩子们的内心，几乎每个人都写了自己的故事，很多细节很感人，也引人思考。

大多数孩子都表示自己会好好学习，多学本领，父母太辛苦了，等他们长大后就让父母回家休息……

课下，我同孩子们一起唱歌玩耍，我们一起谈论对北京的看法，谈对故乡的记忆和好玩的故事，谈未来的理想……我就像他们的大哥哥，大家在一起快乐极了，总有聊不完的话题。

同时我也告诉他们，如果有机会，将来一定要上大学，或者至少要学一门实用技术，这样才有能力改变一家人的生活面貌，我还特别叮嘱他们，一定要学好英语，它是个工具，可以让你走得更远。

我从孩子们那里也学到了很多东西，说实话，他们的见识比我当年强太多了，我想，这也是时代赋予他们的，看着他们积极向上的劲头儿，很让我欣慰。

不过，也有一些让我难过和担心的事情。有些孩子出于对我的信任，对我讲了他们心中的苦恼和不快，有个小女孩告诉我说，自己并不属于北京，也不会是北京人，只是外出打工的，将来读初中还是要回老家的，否则参加高考会很麻烦。

有的孩子对周围明显流露出一种仇恨的心理，他说社会有些人歧视他们的爸爸妈妈，有时还欺负他们，自己以后绝不和北京孩子一起玩。

这些孩子的所思所想，出乎我的意料，但我也可以理解，我不敢想象的是，这些孩子未来的命运会怎样，作为老师我真的爱莫能助，我只能安慰这些孩子，我说我们国家的政策会越来越好的，生活都会变好的。

后来，我为了自己的梦想，不得不选择离开那里，离开那群可爱又可怜的孩子们。

离开的那天，我站在讲台上强忍着内心的酸楚叮嘱他们一定要好好学习，别放弃努力，多阅读多写作，对父母要好，多替父母做事，以后我会再来看他们，带他们去北大参观游玩。说着说着，我的眼泪开始在眼圈里转动，孩子们脸上早已淌满了泪水，他们给我写小纸条，写各种祝福我的话，我一直珍惜着这份感动。

到北大后，我常常惦记这群孩子，不知他们现在生活和学习得怎么样了？有没有因为升学原因离开北京的？他们的父母工作都顺利吗？钱好赚吗？

这些孩子告诉我，他们喜欢留在父母身边，喜欢假期的时候父母带他们去玩耍逛街。即使是生活艰苦，他们还是想和父母在一起成长，只要和父母在一起，就感觉自己是最幸福的人。

我想起北京还有那么多的打工子弟学校，有那么多跟随父母来京打工的孩子们需要我们的关心和帮助。

为此，我在2009年加入北京大学教育知行社，志愿到打工子弟学校上课。

有时，看着这些少小离家的孩子，不由得想知道，他们的根到底在哪里？包括我自己，我也常常扪心自问，从高中离家算起，我在各个城市已经漂泊十多年了，我们是否还记得出来打拼的目标？我们是否还具备小草一样顽强奋斗的精神？

带着教育改变人生的观念，我再次走进了孩子们的世界。

也许是因为自己受教育多年，命运在自己身上逐渐起了变化，我便把教育当成一剂改变人生命运的灵丹妙药，想给生活中的另外一些人也尝尝，尤其这群求知欲旺盛的孩子们。

我们都知道，教育是一个系统工程，教育者需要具备极高的综合素养，尤其在人格养成、道德情操、心理健康等方面，何况我们都还是学生呢？

能否传播并实践一些好的教育理念，对我们来说，是一个必须要面对的挑战。

所以，事前我们做了很多准备工作，包括接受教育培训、与北大支教的前辈交流经验、就很多具体问题展开热烈的探讨等。

就这样我们开始了支教活动，每次都会去很远的郊区，每次都会坐很长时间的公交车，自己又经常晕车，但当我一站上讲台的时候，精神立马就恢复了。这些都是孩子们给我的鼓励和恩泽，让我倍加珍惜每一次与他们接触的机会。

我们经常去的一个学校是振华打工子弟学校，这里的孩子们非常可爱、上进，求知欲特别强，很让我感动。

最近几年，随着支教活动在全国各地高校的大力开展，越来越多的贫困学校迎来了年轻的大学生们，接触到了更全面更优质的教育资源。

特别是在北大，这里学生的支教热情一直很高。我记得北京大学青年志愿者协会为积极响应团中央“重点开展关爱农民工子女的志愿服务活动”的号召，于2010年6月5日正式启动“北京大学学生振华打工子弟学校公益教育实践团”项目。

这个项目通过课堂授课、问卷调研、家庭访问等各种方式进行教育实践，力求从生活的角度引入专业知识，通过丰富多彩的教学形式使学生能够寓教于乐。

通过问卷调查与家访的形式，以“打工子弟学校的生存现状”为切入点，以“打工子弟学校支教模式”为主题，形成调研成果，了解社会现实需求，开展有针对性的志愿服务。这个项目已经取得令人欣喜的效果。

在支教这条路上，我经历了太多的感动，很多孩子的面孔经常在我的头脑里闪现，他们在课堂上认真听讲、会心微笑的场景如在眼前，我也从中感悟着、思考着、成长着……

我真心期望，同在一片蓝天下的孩子，都能够健康成长，有学可上，有爱可享，有梦可做，有希望可实现。无论将来在哪里，做什么，每个人都能实现个人价值最大化，脸上都挂着最会心的笑容。

在北大这几年，

鲍威老师给我的帮助特别多，

我永远心存感激

# 涌泉之恩，大海相报

那几天，我连续做了几个梦。我梦见我的母亲更老了，她又冒着风雪，拖着瘦小的身体，去打理那几亩薄薄的山地。我还梦见三爹的腿经常抽筋，颤抖得厉害，有时姐姐还在做着出门打工的准备，父母在那里帮着收拾行李，我暗暗地伤心难过。

我醒来的时候，泪水淌满脸颊，或许他们又想念在北大的儿子了。

我知道，我的三爹和母亲已成为我今生最大的牵挂，我不能忘记他们的恩德，我的成长进步都是他们用血用汗换来的。

但现在最让我遗憾和惭愧的是，不能陪伴在他们身边，远隔千里，只能通过电话问候他们，嘱咐他们注意保养身体。

经过多年的打拼，我求学工作于北大，两位老人是欣慰的，也许他们最放心的就是我这个把苦吃得快成“厌食症”的儿子。

北大中文系程郁缀教授给我们讲过，每个人都有三个母亲：给你身躯和血肉的母亲、给你知识和能力的母校、给你尊严和精神的祖国。面对这样深重的恩情，我们应当怎样回报？

他给我们的答案只有震撼人心的八个字：涌泉之恩，大海相报。

父母已经成为我生命的精神支柱和奋斗之源，随着年龄的增长，我对他们的理解更深，情感更加浓烈，也更懂得他们的那片苦心。

我时常反省自己，我这个儿子到底做得怎么样，我还应该怎么去做。我知道，与他们的付出和期待相比，我并没有做成什么，也没有更大更好的回报可以反哺给他们，我始终是亏欠于他们的，可是我的三爹和母亲毫不在意。

对于三爹，对于母亲，我只有不断地回想，不断地感恩，不断地成长，才能让自己心安。

我理解母亲，理解母亲的苦难，理解母亲过去的苦难，更理解母亲现在的苦难。

我还在乡下玩耍的时候，母亲无意中便在践行着“身教重于言教”的传统做法，以润物细无声的教诲感化着我。

我在镇上读初中的时候，母亲心里就满是牵挂，每个周五下午，她总会守候在家门口，望着那条通往学校的崎岖山路，盼望着她的儿子安全回家。

遇到大雪和风雨天，母亲还要沿着这条山路去迎我，盼着在路口遇见我。

我在县城读高中的时候，母亲更加忙碌了，我常常想起她在田间劳作的背影。

每次回家，我都要翻山越岭去寻找母亲，当一个瘦小但很熟悉的身影出现在山头时，母亲总是习惯性地擦擦额头上的汗珠，远远地喊道："我的儿子回来啦，快过来喝口水。"我高兴地回应着母亲，然后迎着母亲奔跑过去。

我在武汉读书时，常常和母亲通电话，向母亲汇报我在大学里的进步。电话里我仿佛可以看得到母亲开心的笑容。

我在广东工作以后，向母亲报告我的工作成绩，母亲鼓励我要多做事，少说话，要尊重领导和同事。母亲的那句"自古拳头不打笑脸，不要计较得失，要微笑面对生活"的话我牢牢地记在心间。

后来，我到北大工作和求学，母亲仍然一如既往地用全部的生命支持着我。只是我心中觉得内疚越来越多。随着年岁的流逝，母亲的白发爬满了头。我慢慢长大了，母亲慢慢变老了。我没时间陪伴在母亲身边，没法照顾她，想到这里我就难过。

当我向母亲说起这些的时候，母亲安慰我说："孩子，你只要做好自己该做的事儿，就是对我的孝顺啊！"

这就是我的母亲啊，这就是我那虽平凡却能识大体、顾大局的母亲，她一次次地鼓励着我、感动着我。

我挂断电话，常会哽咽，怎么忍都忍不住泪水。

母亲知道我有自己的抱负，从小到大总是鼓励着我张开理想的翅膀在蔚蓝的天空里自由地翱翔。母亲知道我终究是属于社会的，而不是属于她一个人的，她能理解小我与大我之间的关系，虽然母亲没有读过什么书，但她给儿子的就是这种意识。

我的三爹也老了，由于长期超负荷的体力劳动，身体落下不少毛病，尤其是他的腿留下了后遗症，我眼前常常闪现他腿抽筋的痛苦场景，让我揪心得厉害。

我知道，三爹对我们一家的好，我们姐弟这辈子是报答不了的。

时间越长我越是忘不了我的三爹为了凑足我上学的费用，曾流着泪向好心人借钱的情景。那时，我的眼泪就在眼眶里打转，我坚持压抑着，不想让父母看见难过，只想让内心充满斗志。

由于父亲去世早，是三爹陪伴我们度过最艰辛的日子，细心照顾我和姐姐，在我们日子维持不下去的情况下，三爹毅然选择外出打工，在外面省吃俭用只为凑齐我的学费。农忙时辞工再回来干农活，这些，我总是看在眼里，记在心里。

从三爹进入我们家的第一天起，我就把他当作我们的父亲了。

我的三爹为人忠厚老实，总是勤勤恳恳、任劳任怨，我有时为了让他开心，在家的时候总是和他一起掰手腕，有时是我赢了，有时是他赢了，但更重要的是，我们一起享受着父子间最纯粹的亲情。

这样的幸福跟当时的穷困是没有关系的。

在北大的日子，我常常会想，我这一生恐怕是报答不了父母的恩情了，我该怎么办？我能给他们做什么？

眼下，我只有努力工作。

多年以来，我一直对父母心存感激。这种人世间最珍贵的亲情，无边无价，无以回报，永远埋藏在我的心里。

每年春节，我争取能和三爹、母亲、姐姐团聚，享受这份珍贵异常又短暂的亲情时光。

我虽身在外地，但可以通过努力地工作、通过服务更多的人来实现自己的价值，以此报答父母的恩情。帮助更多人也是父母从小对我的教诲。他们是这样说的，也是这样做的。在他们眼里，伺候他们只是小孝，伺候社会大众是一种大孝，他们早就懂得小孝与大孝的关系。

就像我的大舅早年就出去当兵了，很少回家，外婆也一直是我的母亲照顾，这样的孝道意识，我的父母很早就体会到了，也潜移默化地影响了我。

因此，在我们乡下，我的三爹和母亲深受乡亲们的爱戴，而我在遥远的北大，则当更加勤奋地工作，用出色的成绩回报他们。

经过这几年的积攒，2011 年我第一次给他们寄了两万块钱，表达儿子的一点儿心意。

我在心里对三爹和母亲说，你们过去为我受了那么多苦，我没法回报你们，这些钱是我在北大这几年存下来的，希望你们能用上它，让日子过得好一点儿，看着你们一天天变老，我心里很难受。现在儿子长大了，就让儿子尽力回报你们吧。三爹、母亲，希望你们用上这笔钱，照顾好身体，你们健康就是儿子最大的福分，儿子心里也能踏实一点儿。

在充满希望的燕园，我每天都怀着对父母的爱认真地学习和工作。

我期望在不远的某一天，通过我的努力，把三爹和母亲还有我的姐姐都接到北京来，好好地走一走，看一看，尤其要让他们看看我生活了近五年的北大，让三爹和母亲知道，他们儿子的人生选择是正确的，他们从来就没有看错这个儿子。

我期待这一天的到来，渴望早日回报父母的养育之恩。我要让三爹和母亲看到，今生有幸做他们的儿子，是一件多么值得骄傲的事情。

# 附　录

能在北大各个场合当志愿者，

是我人生价值的体现

# 师友感言

由于工作原因，我与相伟两年前互相认识并结下深厚友谊，了解他不平凡的经历。他从武汉一所大专院校毕业后，怀揣着继续求知、深造的梦想辗转来到北京大学当了一名保安。在日常工作之余，他放弃闲暇的时间走进北大的教室与学生们一起学习、听课。这种紧张忙碌的生活持续半年之后，他参加了2008年北京市成人高考，并以优异的成绩被北京大学中文系录取。考上北大的他没有放弃保安工作，仍然踏踏实实地当着一名保安员，对待他的保安兄弟还是那样亲切与友好。与以往不同的是他变得更忙了，在完成繁重的专业学习与工作的同时，他还积极利用北大一切的优质资源充实和完善自己，先后进入北大平民学校学习、参与北京大学教育知行社支教实践。此次他把学习与工作中写下来的文章加以整理出版，我由衷地为他感到高兴。书中谈到他作为一名保安对本行业的看法与思考，也有他在北大学习期间的真实描述，他还结合当下社会的热点话题谈了自己的想法与感悟。阅读本书对于奋发图强的青年朋友们，尤其是奋斗在安全一线的保安兄弟们来说，具有强大的激励与带动作用和不可估量的启发与借鉴意义。

——北京大学保安　丁聪

相伟请我为他的小书写几句话。我给别人的书写几句话已经写过很多次，并不犯难，但这一次却犯了难。一个“请”字让我受宠若惊，同时因为感慨良多，不知从何说起。我当学生十八年，教学近五十年，指导过的学生也不记得有多少，但像他这样的年轻人不多见。在平凡的工作岗位上默默地奉献自己的青春，还不断地从生活实践和书本上汲取营养，丰富并提高自己，努力做一名新时代的优秀保安。这是一种什么样的思想境界呢？我看无须我做出回答和评价，唯望对我们都是一种启示。

——北京市政协原副主席　叶文虎

初识相伟，是源于快递。每一次有我的快递，这位细心负责的大学生保安总会稳妥地帮我签收，给我电话通知，并在包裹单上留下他非常漂亮的签名。有一次他非常客气地给我发一条短信，想让我帮他领一张学校的讲座票——因为必须凭学生证领取。我爽快地答应下来。把票交给他时，他略带腼腆地对我微笑着说："其实我也是北大学生，只不过现在要上班，没有时间。"后来，我们逐渐熟识。进出教学楼时，很自然地打声招呼，听讲座偶尔遇见，微笑地点点头。他似乎和一个普通的北大人没什么两样，在空闲时间蹭课、读书、听讲，只不过他的寝室是那个古朴典雅的值班室。后来，得知他要出书，我为他高兴。从开始的简装本，到装帧精美、一版再版，这是一个圆梦的过程。其实，我们都是生活中的普通人，但是真切的梦想让我们的人生变得充实而精彩，梦想和坚持，是世界上最伟大的力量。

——北京大学心理学系原团委书记　冯宁

读完相伟的书，眼前浮现的是近几十年以来中国人对知识超出想象的渴求和因此付出的巨大努力，这个过程不仅改变了无数人的个人命运，而且是国家发生深刻变化的真正动力。知识改变命运，学习创造未来。

——中央电视台　朵生春

结识相伟源于我为北大青年志愿者协会会刊《精・志》做编辑时的一次专访，那一次采访他是为了杂志的平民学校专题，也因此让我了解到他从保安到北大学子的不平凡经历。在此之前，这样的经历听起来像一个神奇的传说，直到我真的见到作者本人。他那种在逆境中奋发向上的豪迈之气和一直以来对知识的刻苦追求，使人深受感染。本书是一个认识他的窗口，我们可以从中看到他的思考、实践，感受他的情怀。我们也可以从中学习，不论是一种精神，还是一种力量，我想，都配得上“榜样”二字的。

——北京大学光华管理学院本科生　邢尧

相伟是一个真诚的人，所有与真诚有关的事物都会让我们感动。他的文字也如此。行走在未名湖畔，徜徉于字里行间，我能读到一种坚强，一股向上的力量，一份对所有美好事物的憧憬与信仰。他一直在编织着梦想，在时光流转中舞着属于自己的节拍，日复一日、年复一年。于是，时间穿过了风华，雕刻着美丽，成就了现在。读他的文字，我认识了另外一个自我。仅以此勉励自己在自由的空气里勇敢地呼吸。

——北京大学博士生　刘巧玲

很高兴看到相伟勤奋地写作，分享他在未名湖畔的感悟。我也因此相信并期待：一个心中有梦、带着希望和理想、脚踏实地执着前行的年轻人，将带给我们更多的人生经验和精彩篇章。

——联合国环境署资深专家　张世秋

理想可以这样成长。翻看相伟写的一些文章，能感受到他在中文系修学的一些气息。本来我对北大中文系最景仰，一直想去听课，三年多过去了，却只马马虎虎地学过大学语文的课程，不能不说是一种遗憾。而他已经是中文系的一名学生，并尝试把自己的所感所得写成书，让人佩服他的努力和坚持。我想起了前不久看到一位北大教授的文章，题目是《理想是可以长出来的》，也是介绍他个人的求学和工作经历，读完之后非常感动。我想这个标题用在相伟身上也是恰当的。真心希望他能让自己的理想离现实越来越近。

——北京大学国际关系学院硕士研究生　胡烨

未名湖不仅仅是个诗情画意的地方，更是自强不息、锐意进取精神的象征。古往今来，多少能人志士曾在未名湖畔流连，抒发情怀。本书作者以优美的文笔、质朴的语言表达他对未名湖的热爱。难能可贵的是，作者以自身的奋斗历程很好地诠释了未名湖的精神，为未名湖增色添彩。因此，每一位想了解未名湖、希望能从中汲取力量的人，都应认真地读读这本书。

——北京大学中国社会科学调查中心研究员　顾佳峰

第一次见到相伟，是在我的办公室。推门而入的瞬间，他矫捷的身手吓了我一跳。我十分纳闷：这个“北大中文系学生”怎么像练过武功的！后来他说：“其实，我也是一名北大保安。”心中的谜团这才解开。再次见到他，是在我创办的“名校有约特训营”中，我们一起畅谈教育的梦想。他笑起来声音特别爽朗，眼睛眯成一条缝，举手投足间散发着无比的自信，给所有人留下深刻的印象。第三次是有准备的相遇，他邀请我给他的新书写两句话，我们约在北大西门碰面。远远地，我看到一个身影挥舞着书稿蹦蹦跳跳地奔过来。这种欢喜的样子让人想到五六岁的孩子。是什么让一个二十八岁经历过诸多人生坎坷的“农二代”在北大门前雀跃？是希望的力量。他的故事告诉我们三个道理：知识改变命运；北大成就梦想；中国“农二代”是有希望的。

——北京大学元培学院校友、“名校有约特训营”创办人　徐安琪

生命是一种态度。有幸与相伟在北大中文系一起学习，出于对知识的渴求、对文学的热爱，我们在这所知识的殿堂里，用有限的时间、工作之余，尽情汲取着雨露和养分，如痴如醉、乐此不疲、学而不厌。也许我们并不能选择自己的人生，但我们一定能决定自己对待生活的那种积极进取的态度。

——北大中文系本科生　高秀平

看了作者的讲述，真的很钦佩他的坚强与执着。作为一名通过研究生招考被北大录取的幸运者，我很庆幸自己能来北大深造。而北大的后勤工作者们，默默为师生奉献的同时，也在不断地充实自己，逐步实现人生的价值。一次次挑战自我，一次次越过艰难，不骄不躁，锲而不舍，踏踏实实地向自己的人生目标迈进，这种精神是最值得弘扬的。北大不仅培养了学生，更培养了无数热爱学习的有志之士。在北大，我感受到她的人文关怀与“爱国、进步、民主、科学”的优良传统。她像母亲一样，托着你走向远方，只要你能走、想走，她就会为你搭建良好的平台，助你奔向理想的彼岸。平民学校的校友们，你们是北大的一面旗帜，我们为你们自豪。感谢北大！

——北京大学深圳研究生院硕士研究生　高玲

什么是教育，每个人心中都有自己的答案。其实，每个人都是教育者——从小到大，选择什么样的生活方式，走什么样的路，学习什么样的知识，都是一个自我教育的过程。而读一个人的故事，也就是一个被教育的过程。感谢相伟愿意把他的经历写出来与读者分享，从保安到北大学子，看似简单的几个字，背后的辛酸只有经历过的人才能体会。出于对教育的关注，他加入了教育知行社，每周的例会上，他会带教育类杂志给大家，方便大家了解教育时事，一起展开讨论。他还亲身参与支教活动。虽然称为“支教”，其实我们并不是“支援”的一方，而是在这过程中相互交流、共同成长。未名湖畔的风景很美，关于教育可以做的事很多。愿他在未名湖畔尽情地徜徉，收获更美好的人生！

——北京大学教育知行社社长　刘广宇

相伟从乡土农村一步步走到北京大学，是中国社会转型期一个草根不断圆梦的过程。在北大工作期间，我们经常在一起探讨家庭教育和学术话题，我特别高兴能够看到他自强不息、勇于追求智慧的精神。在未名湖畔，每个人都可以实现成人、成才、成功。愿他在以后的人生道路上能够不断地创造奇迹，这也是我期待的。

——北京大学教授　韩凌

甘相伟，一个行走在未名湖畔的青年。从农村到都市，从山村学校到北大课堂，他的每一步都饱含艰辛。他平凡，因为他只是当今中国社会转型期进城务工大潮中的一员，他也仅是挣扎在都市边缘“蚁族”中的一员。然而他又不平凡，他不愿意陷入平庸的人生，他执着而坚定地追求着自己的梦想。在这个越来越相信“拼爹”的社会中，他的故事让我想起著名学者威廉·史密斯·克拉克（William Smith Clark，1826—1886）的名言：“Boys，be ambitious!”（青年们，要胸怀大志！）

——北京大学教育学院教授、北大平民学校教师　鲍威

# 媒体评论

从保安到大学生的这种跳跃式身份转换，折射出当代青年通过不懈努力实现自身价值的上进精神，让更多人感受到奋斗的力量。北大保安不断有人考上大学，与北大校园文化的感染力有着深刻联系。包括北大在内的许多大学校园里，不同社会阶层之间的沟通与交流往往自由而充分，这给文化程度不高的人们提供上进的希望。北大教师向保安赠送书籍，甚至给他们提供电脑，北大工会开办的平民学校给后勤工作人员留出名额，这些事情投射出“知识面前人人平等”的光亮，对人们内心深处的自信与平等价值的唤醒，比学历更宝贵。

对多数青年而言，上大学是成才和进步的最佳路径，但由于环境和个人因素的诸多制约，不少人的大学梦往往止步于虚幻的梦想阶段，他们对于拥有知识、成就自我的热望，也就此沉淀在琐屑的劳作里。高等教育资源的稀缺，一定程度上制约了社会群体的流动，也可能让部分人丧失努力和奋斗的勇气，但北大保安上大学的事例展示另一种成才的可能性，即在一个人人向学、平等包容的知识氛围中，通过自学考试等受教育渠道，更多的人能够获得更好的机会，更多的人可以改变命运、成就梦想。大学文化对个体境遇的这种“照亮”，最好不过地反映“大学”的内涵。

如果整个社会都能像北大那样鼓励人们深造，如果每个小环境都允许人们通过奋斗改变处境，如果不同群体之间的平等交流更为通畅，就能唤醒更多人的进取渴望，一种活跃的、充满希望的力量就会在这个时代回荡。这一点，应该是北大保安上大学带来的最大启示。

——《北京青年报》　蔡方华

三次访谈，慷慨的甘相伟，每一次都愿意让我从他的生活中分得快乐。

未名湖畔，一张安静的书桌，一段美好的阅读时光，一个梦想落地的地方。

现实中，草根和精英的界限很清晰，向上流动的空间很拥挤，成功的标准也颇为单一。在社会的标签下，甘相伟无疑是个小人物。但他从心底想要读书、学习，所做的一切都有着明确的意义。在这个急功近利的时代，他的坚持让人感动。

有那么多人的鼓励，他是幸运的，尽管无车无房，却有一份为之快乐的工作和一个为之坚持的梦想。很多人做不到，限于外界条件，也受限于自身。从甘相伟身上，我们看到小人物需要社会给予上升空间，也需要在被目的充斥的生活中，种上纯粹的梦想。

时间在坚持面前，会为梦想让路。我们有一个十年后的约定，他坚信，我能够看到他在自己热爱的当代文学领域写出有价值的文章。

——《人民日报》　魏薇

在许多人的心目中，北大是“大人物”待的地方，一个来自贫困山区的保安“行走在未名湖畔”恐怕很难指望会引起人们的注意，估计甘相伟也不曾有过这样的奢望。作为一名北大保安，甘相伟少不了站岗和在校园巡游，当他做着这一切的时候，北大的“空气”就环绕在他的周围，北大的魅力就陪伴在他的身边，对此，许多人并没有在意，而甘相伟在意了。走在未名湖畔，甘相伟把校园里师生们的沉思默想、博雅塔下那些灵动的人生哲理，变成了一种滋养，让自己的心灵变得丰富和深邃，这就是甘相伟不同于其他人的地方。周其凤校长说：“最聪明的学生应该是那些能够最大限度地利用北大资源武装、提高自己的学生。”在周校长眼里，甘相伟就是“最聪明的学生”。尽管他的身份是保安，但他“在这方面的智慧简直发挥到极致”。

其实，周其凤“几句话”的意义已经超越了北大的范围，无论他是说给谁听的，都值得整个社会来听。在我们慨叹各种物质资源日益匮乏的时候，许多人往往忽视我们的精神资源，在几千年悠久的历史中，我们的先人为我们创造了光辉灿烂的文化，如今，我们处在一个开放的时代，世界各地的先进文化都可以为我所用，这些都是我们的宝贵资源。这些资源同样是“用之不竭”的，问题在于我们能不能用好，如果整个社会都像甘相伟一样，把这方面的智慧发挥到极致，整个社会都将变得“富有”。

——光明网

校园保安、修车师傅、楼管大叔……每个大学的角落，都有这样一些人在日复一日地平凡工作着，他们并非大学里的主角，但同样呼吸着象牙塔里的空气，汲取这片沃土的营养。所以，当你听说保安要出书并请北大校长作序时，请不要惊讶。大学，本就是追梦的地方。

同是“80后”“90后”，同在象牙塔里工作生活，像甘相伟这样的年轻人却比同龄的人学生背负更多东西，更早品尝生活的艰辛。然而，他们用自己的实际行动践行着自己的青春梦想。

感谢北大，让甘相伟这个普普通通的农家孩子能在这里编织梦想！

感谢北京，让甘相伟这个有梦想有动力的孩子能在这里成就梦想！

——《现代教育报》

甘相伟的成长和成绩，不只让北大校长感动钦佩，我想，看到这篇报道的人大抵都会被感动，有感触。

一个农村出来的孩子，没有“富二代”先天固有的优越环境和生活条件，甚至没有任何被套在头上的“光环”，他没有被命运折服，沿着梦想一步步走来。

有少数从农村出来并和甘相伟年龄相仿的青年人，在“打拼”的行程中遇到短暂失败，就一味地哀叹社会对他的不公，怨家人不够支持。有些怨天尤人的同龄人，虽然也在外受了很多苦，却不甘心从最底层干起，巴不得从学校一毕业就有傲人的事业和车子、房子。这个“美梦”做得太不实际了。相比较而言，甘相伟踏实得多。

“敢于说出你的梦想，就会有一大堆人来帮你实现梦想。”甘相伟的成长不就是这样的吗？

我们每个人在人生的前行中不也是有一大帮人在帮吗？只要你坚持了、付出了，成长的路上总会有这样和那样的人在拉你，帮你一起实现梦想。这个人也许是你的亲人、朋友，也许是你志趣相投的人，也许是乐意点拨你的人……

从农村走出来的你，也许比他幸运，有车、有房；也许没有他幸运，不能像他那样有工作、上大学、能出书。没有比他幸运的同龄人就该觉醒了，尽管付出许多，还没有得到如愿以偿的生活，也千万不要抱怨和放弃，也千万别把个人的坎坷遭遇怪罪于他人，如果始终不愿从个人身上找原因，不努力奋斗，长久下去，将会一蹶不振，意志颓靡堕落，直至被社会遗弃。上帝只会眷顾那些勤奋的人们，梦想的实现中难免会偶尔遇到挫折，一分耕耘一分收获，只要努力了就一定会有奇迹发生，人要常怀感恩之心，把它变成积极的一面，人生一定就会很精彩。

北大校长为做保安的甘相伟的书作序，是甘相伟获得他人认可的一个缩影，也可以说，北大校长是他的贵人，是帮助他实现梦想的一大群人中的一个。一个人成就梦想，不一定是别人给你钱或给你看得见的财富，帮助实现梦想的人，也许是一句话、一个字、一个简单的行为就足以带给你一种潜移默化的帮助和影响，关键是你怎么认定抑或是把它变成积极朝前走的动力。

——荆楚网　胡慧敏

# 相伟悟语

1. 一个人之所以伟大，在于他一辈子都在坚持理想，而不是一阵子。

2. 宇宙的智慧都放在那里了，就看你愿不愿意去领取。

3. 人生的起点可以不一样，但终点一定是自己创造的。

4. 人在安静的时候往往是最有力量的。

5. 你没有占据别人的位置，只是在发挥自己的优势而已。

6. 人的一生都是在同自己竞争。

7. 技术可以发明，但唯有思想才能引领未来。

8. 活着要努力，死后好长眠。

9. 人的最高智慧来自他的善良。

10. 成功就是简单的事情重复做，一直做到开心为止。

11. 一个人读书的数量和质量直接影响他成功的广度和深度。

12. 人的实力是靠自己打造出来的，不是靠外在、表面、虚幻的东西修饰出来的。

13. 成功需要很多资本，像人脉资本、货币资本、知识资本等，但品德资本是第一重要的。

14. 命运是由“命”和“运”组成的，命是固定的先天条件，运是运动的后天努力。

15. 在没有能力之前一定要有好的态度，有了它，你就能获得机会。

16. 大人物与小人物在本质上是没有什么区别的，他们承担的责任却天壤之别。

17. 你服务的人越多，你的价值就越大。

18. 平时不吃苦，一辈子受苦；每天多努力，老来才给力。

19. 感谢生活给了你奋斗的机会，人生的根本意义是有力量去承载苦难，人性的光辉只有在苦难中才会发育得最好。

20. 感恩父母，他们给予你可以奋斗一生的躯体，赠送给你一张行走世界的通行证。

21. 在整个社会流动中，人口排列就像一个金字塔，越在下层，竞争就越激烈；越在上层，竞争的人数就越少。

22. 人生的优越感要建立在自己身上，倘若建立在别人身上，那就是人生的痛苦。

23. 我们总是羡慕别人的成功，自己却不思进取，就像小草总是仰望着大树，那将是非常可悲的。

24. 聪明只是给了你成功的一个基石，勤奋才是你成功的保证。

25. 人生的幸福在于你对自己有没有合理的定位，做没做到真正的自己。

26. 我们都要有精英意识，但也要具备平民情怀。

27. 人生就是一个不断修正自己的过程，饱经岁月风霜之后，目标才会变得清晰。

28. 在世界顶尖的位置上，永远有空间；在社会的底层，永远都显得拥挤。

# 后 记

我在赛后的北大体育馆

继续做志愿服务工作

这本书在多方期待下终于如愿以偿地和朋友们见面了，它凝结了我在北大四年多的心血和过去近三十年的人生体悟。

我写这本书源于自己对生命的思索，对人生价值的不懈追求，也源于师友的关心和敦促，包括媒体朋友的鼓励和期待，他们认为我的故事在今天很有励志意义，值得分享给更多处于人生奋斗期的朋友们。这本书更源于我的兴趣爱好，平时，我愿意把我的文字分享给北大的老师和同学，并恳请他们帮我提出修改意见。不知不觉中，我的写作水平在提升，出书似乎也就成了水到渠成的事情。

书中的很多文字，我是含着眼泪写完的，有些是自己都不愿意触碰的细节。

在北大，我有幸得到老师、同学们的热情鼓励，使我能在巨大的生活压力下保持良好的精神状态，促使自己不断前行。

在此，我深深地感谢他们，感谢奋斗路上遇见的每一位有缘人，哪怕是旅途中只有匆匆一面的行人。

行走于未名湖畔，我不仅学到了很多知识，也获得了生命的极大成长，实现了人生跨越和转折。我永远感激我的灵魂圣地——北京大学，永远感谢我的精神良师——北京大学周其凤校长，他不仅为我的新书写序，还细心地帮我修改错别字，让我深感温暖和感动。

最后还要感谢刘志则先生及其团队，正是因为他们的辛苦付出，这本书才得以出版。

当初我正是因为读过他们策划的图书才结下这份缘分的。我记得当时在中关村图书大厦看到一本“80后”创业精英董思阳所著的《21岁当总裁》后，内心非常激动，站着就把书给翻了一遍，感觉不过瘾，又看了一遍，最后还是决定买回去。这本书对我触动很大，激励很大，于是我想方设法联系上刘先生，本书才得以问世。

朋友们，身处逆境并不可怕，最重要的是要有一颗上进和感恩的心，并且一路坚强地走下去。如果你读完此书，能有些许的收获，能够以积极的人生态度面对生活，获得生命成长的精神力量，那我就心满意足甚至要谢天谢地了。

最后，我留下我的个人邮箱 pku.gan@qq.com，欢迎提出指正意见，欢迎和我分享你的人生梦想。请不要忘记，我在北大等你。

站着上北大

总 策 划：刘志则　　监　　制：曾荣东
责任编辑：刘燕军　　责任校对：杨丽英
特约编辑：刘春玲　　营销推广：周莹莹
美术编辑：王爱芹　　装帧设计：百丰设计　苏洪涛
团购热线：010-84827588